韩国语能力考试必备系列

四 上

留学韩国语

유학 한국어

昊天海月国际文化传媒与韩国檀国大学《留学韩国语》教材编写组共同编写

万玉波 〔韩〕刘素瑛 主编

孙佳璇 〔韩〕韩周莲 〔韩〕闵庆万 编著

U0063093

北京大学出版社

PEKING UNIVERSITY PRESS

图书在版编目 (CIP) 数据

留学韩国语 . 四 . 上 / 万玉波，（韩）刘素瑛主编 . —北京：北京大学出版社，2019.1
（韩国语能力考试必备系列）
ISBN 978–7–301–29978–4

Ⅰ . ①留… Ⅱ . ①万… ②刘… Ⅲ . ①韩鲜语—水平考试—自学参考资料　Ⅳ . ① H55

中国版本图书馆 CIP 数据核字 (2018) 第 232343 号

感谢韩国檀国大学对本书的支持，感谢李在董副校长、刘素瑛教授、曹成铉主任对本书的
出版付出的所有努力。

书　　　名	留学韩国语（四）（上） LIUXUE HANGUOYU
著作责任者	万玉波　〔韩〕刘素瑛　主编
责 任 编 辑	刘　虹　554992144 @ qq.com
标 准 书 号	ISBN 978-7-301-29978-4
出 版 发 行	北京大学出版社
地　　　址	北京市海淀区成府路 205 号　100871
网　　　址	http://www.pup.cn　　新浪微博：@ 北京大学出版社
电 子 信 箱	zbing@pup.pku.edu.cn
电　　　话	邮购部 010-62752015　发行部 010-62750672　编辑部 010-62759634
印 刷 者	北京大学印刷厂
经 销 者	新华书店
	787 毫米 ×1092 毫米　16 开本　16 印张　360 千字
	2019 年 1 月第 1 版　2019 年 1 月第 1 次印刷
定　　　价	75.00 元

前　言

　　如何能够做到快速熟练地使用一门外语，是所有外语教育工作者不断钻研的课题。随着 1992 年中韩建交，两国之间的经贸往来及文化交流不断深入，加之韩流在中国的盛行，越来越多的学习者开始关注韩语，并期望尽快掌握这门语言。然而，与英语等通用外语语种比起来，韩语的教学及研究还处在起步与发展阶段，20 世纪 90 年代以后才出现了真正意义上的韩语教育，因此，如何让中国人快速而准确地学会韩语，还有很多亟待解决的教学问题。

　　与此同时，赴韩留学的人数也在逐年增多，数以万计的学子不仅仅期待着掌握韩国的日常用语，还迫切希望尽快达到入读韩国大学本科、硕士专业学习的水平。为适应这一需求，北京大学外国语学院于 2006 年开办了留学韩语培训班。现在，北京大学的留学韩语培训已经走过了十二个春秋，教师团队针对短期韩语强化教育积累了丰富的教学经验，如果能够将教学成果编辑成书，必然会使更多学子受益。鉴于此，昊天海月国际文化传媒（北京）有限公司组织北京大学留学韩语培训班的部分中韩教师，联合韩国檀国大学共同编写了本书。

　　檀国大学是韩国的传统名校，对外韩语教育已经有近 30 年的历史，有着丰硕的教研成果。学科长刘素瑛教授是韩语教育领域的知名学者。因此，本书既融合了北京大学留学韩语培训班一线教师的教学经验，又汇聚了韩国檀国大学韩语教育的精髓，本书将让韩语学习变得既实用有效，又原汁原味地展现韩语的特点和魅力。

　　本书共计 4 级 8 册，全部采用韩文编写。本书倡导沉浸式学习模式，希望在学习之初便将学习者直接带入韩语语境。同时本书以几位在韩学习的学生为主人公，围绕着他们的学习生活展开，一、二级以掌握生活用语为目标，三、四级以达到进入大学专业学习的语言能力为目标。课文内容以在韩国的学习生活为背景，生动有趣，真实好用。同时，每课课后添加了文化生活小常识，对希望了解韩国以及即将赴韩留学的学习者来说将大有裨益。本书单词释义、对话相关录音扫描各课的二维码可得，学习者可在每一课学习结束后的复习时，用于参考。为保证学习效果，在该课学习之前，可暂不参考。

　　本书的出版得到了韩国传统名校檀国大学国际处国际交流副校长李在董博士、檀国大学国际教育中心刘素瑛教授、檀国大学国际处曹成铉主任的鼎力支持，在此对他们的辛勤付出表示感谢！

교재 사용법

1. 학습 구성표

각 과의 기능과 문법, 어휘와 표현을 하나의 표로 제공하여 학습자들이 이 책에서 배우는 내용을 한 눈에 파악할 수 있도록 배려했습니다.

（用一张表向读者展示每课的学习目标、语法、词汇及表现，令读者对本书的学习内容一目了然。）

2. 들어가기

각 과의 학습목표와 어휘, 문법 항목들을 제시하였습니다. 그리고 각 과의 도입은 해당 주제와 관련된 질문을 통해 배경지식을 활성화 할 수 있도록 구성하였습니다.

（各课的学习目标及词汇、语法。用对话展于每课的重要句型，用实际例子列直观地表现出句型的用法。）

3. 어휘와 표현

각 과에 나오는 어휘를 품사별로 분류한 후 의미별로 묶어 제시하였습니다. 「너랑나랑 한국어 1」에서는 그림과 함께 제하였는데 추상적인 의미가 많아지는 2권부터는 단어의 의미를 영어로 제시하였습니다.

（将各课出现的词汇按照名词、动词、形容词、惯用语等分类。再按含义的区别予以分类。这便于学习者对词汇的词性与含义的准确所握。）

4. 문법

각 과에서 배워야 할 문법을 예문을 통해 의미를 제시하고 형태 연습과 회화 연습을 함께 제시하였습니다. 이는 한국어의 문법 항목들이 가지는 의미와 상황을 제시하여 연습하게 하고 적절히 사용할 수 있도록 충분한 연습과 활용을 제공하기 위한 것입니다.

（通过例句表达出每课应学语法的含义，并进行形态练习和会话练习这是为了熟悉韩国语语法项目的意义和形态，并恰当地使用这些语法而进行的练习。）

5. 말하기

각 과에서 학습한 어휘와 문법 항목들을 활용하여 의사소통 과제를 해결하는 다양한 활동을 제공하였습니다. 이를 통해 학습자들은 좀 더 생생한 한국어 말하기 능력을 키울 수 있을 것입니다.

（利用每一课中所学习的词汇和语法项目，进行对话交流的多样化的活动。通过这些活动，学习者你能够培养生动的韩国语语感与实际运用能力。）

6. 듣기 / 읽기 / 쓰기

듣기와 읽기는 각 과에서 배운 내용을 머릿속에 정리하고 확인하는 역할을 합니다. 쓰기는 말하기, 듣기, 읽기 등의 활동을 통해 습득된 내용을 바탕으로 학습자 자신의 이야기를 문장으로 표현하는 연습을 할 수 있습니다.

（听力与阅读是在脑海中整理每课学到的内容，并予以巩固的过程。写作是以口语、能力、阅读等环节学到的内容为基础，将学习者们自身的语言用句子表达出来的一项练习。）

등장 인물

스테파니　　　리예　　　매니　　　최지영

크리스　　　마리오　　　리우팅　　　토린

목 차

학습 구성표 · 8

일러두기 · 10

01 한국에서 지내다 보니까 한국 생활에 익숙해졌어요 13

02 많은 사람이 보는 가운데 불꽃놀이가 시작되었어요 33

03 쓰레기를 어떻게 버려야 해요? 53

04 건강하게 사는 방법을 알려 드릴게요 73

05 저는 넓은 정원이 있는 2층집에서 살았으면 해요 95

06 인생 계획을 세우고 나니 삶의 목적이 뚜렷해졌어요 115

07 열심히 연구한 끝에 새로운 기술을 개발해 냈어요 137

08 남녀평등에 관한 설문 조사 결과를 보도록 하겠습니다 157

듣기 대본 179

번역문 188

찾아보기 234

학습 구성표

Chapter	제 목	기 능
01	한국에서 지내다 보니까 한국 생활에 익숙해졌어요	설명하기, 비교하기
02	많은 사람이 보는 가운데 불꽃놀이가 시작되었어요	확인하기, 조언하기
03	쓰레기를 어떻게 버려야 해요?	의견 말하기, 심정 토로하기
04	건강하게 사는 방법을 알려 드릴게요	분석하기, 보고하기
05	저는 넓은 정원이 있는 2층집에서 살았으면 해요	비교하기, 설명하기
06	인생 계획을 세우고 나니 삶의 목적이 뚜렷해졌어요	분석하기, 제안하기
07	열심히 연구한 끝에 새로운 기술을 개발해 냈어요	주장하기, 예측하기
08	남녀평등에 관한 설문 조사 결과를 보도록 하겠습니다	토론하기, 논증하기

문 법	어휘와 표현
N같이, N만 아니면, V-다(가) 보니(까), A/V-(으)ㄴ/는 셈이다, A/V-아/어서인지, V-는 등(등), N 등(등)	일상생활, 여가 활동
V-자, A-다면서(요)?, V-ㄴ/는다면서(요)?, A/V-(으)ㄴ/는/(으)ㄹ 듯하다, V-지 그래(요)?, A/V-(으)ㄴ/는 가운데, N을/를 막론하고	축제, 행사
N(이)나 되는 것처럼/듯이, V-고는/곤 하다, V-기 일쑤이다, V-(으)려다(가) (말다), N에(게) 있어서, N마저	환경오염, 안내문
A/V-(으)ㄹ 리가 없다, A-다 A-다, V-ㄴ/는다 V-ㄴ/는다, A/V-더라도, V-고 보니(까), V-(으)ㄴ/는 김에, N을/를 대상으로 조사하다, N에 의하면, N(으)로 나타나다	건강, 질병, 설문 조사
A/V-았/었으면 (하다), V-(으)려야 V-(으)ㄹ 수(가) 없다, V-(으)ㄴ/는다는 것이/게, V-고도, N(이)란, N(으)로 여기다/보다/느끼다/생각하다	집의 구조, 유형
A/V-던데, V-았/었던데, N(에) 못지않게, V-듯(이), V-고 나니(까), N에 의해(서)/의한, A/V-(으)ㅁ	인생, 행복
V-(으)ㄴ 끝에, V-아/어 내다, N(으)로, V-고자 V, V-는 법이 없다, A/V-(으)ㄴ/는 것에/데(에) 반해(서)	과학기술, 기기
V-는 길에, N에 관해(서)/관한, A/V-(으)ㄹ 법하다, N(이)라고는, N에 따르면, N롭다	토론

일러두기*

STUDY에서는 한국어의 일상적인 어
휘와 문법을 익히고 다양한 연습을
통해 설명하기, 분석하기 등의 의사
소통 과제를 해결하는 능력을 기를
수 있도록 구성하였습니다. 문법에서
기호 N은 명사, A는 형용사, V는 동사
를 가리킵니다.

留学韩国语（四）（上）

进阶

01 한국에서 지내다 보니까 한국 생활에 익숙해졌어요

02 많은 사람이 보는 가운데 불꽃놀이가 시작되었어요

03 쓰레기를 어떻게 버려야 해요?

04 건강하게 사는 방법을 알려 드릴게요

05 저는 넓은 정원이 있는 2층집에서 살았으면 해요

06 인생 계획을 세우고 나니 삶의 목적이 뚜렷해졌어요

07 열심히 연구한 끝에 새로운 기술을 개발해 냈어요

08 남녀평등에 관한 설문 조사 결과를 보도록 하겠습니다

memo*

01

한국에서 지내다 보니까 한국 생활에 익숙해졌어요

- 학습목표 : 한국 생활에 대해 이야기할 수 있다.
- 기   능 : 설명하기, 비교하기
- 문   법 : N같이, N만 아니면, V-다(가) 보니(까), A/V-(으)니/는 셈이다, A/V-아/어서인지, V-는 등(등), N 등(등)

여러분의 한국 생활을 이야기해 보세요.

여러분은 주말이나 방학에 보통 무엇을 하며 보내요?
한국에 살면서 아직도 익숙해지지 않은 것이 있나요?
한국과 고향의 공통점과 차이점은 무엇인가요?

어휘와 표현

명사

여가 생활
에버랜드 Everland
롤러코스터 roller coaster
여수 Yeosu

학교생활
대학가 university town
열정 passion
효율적 efficient
사본 copy

기타
콧노래 humming
변화 change
사고방식 one's way of thinking
군고구마 a rosted sweet potato
영부인 first lady
우려 concem
수제화 handmade shoes
굽 heel
공통점 common feature
차이점 difference
유럽 Europe
출장 business trip
외출 go out
외투 overcoat
줄넘기 jump rope
식당가 food street

결과적 being as a result
형식 form
방식 way
일상생활 everyday life

동사

이사
방문하다 visit
적응하다 adjust
활용하다 utilize
배치되다 arrange

기타
채팅하다 to chat
반하다 fall in love
답하다 answer
뜯다 unwrap

형용사

자세하다 detailed

부사

스스로 oneself
우당탕 thump

표현

일상생활

별일 없다 nothing much
시간을 보내다 spend time

한 해 one year
한숨 자다 sleep
남부 지방 southern province

기타

뱃멀미를 하다 seasick
외국계 회사 a foreign-affiliated firm

아이돌 an idol
패션디자인 fashion design
1인용 a single

더 배워 봅시다.

마음을 먹다 : 어떤 일을 하기로 결심하다
마음이 맞다 : 서로 생각이 비슷하다
천 리 길도 한 걸음부터 : 모든 일은 시작이 중요하다

예) 스테파니 : 토린 씨, 어떻게 한국에서 대학원에 갈 생각을 했어요?

토　　린 : 한국에 여행을 왔다가 아름다운 경치와 친절한 사람들이 마음에 들어서 한국으로 유학을 오게 되었어요. 그런데 공부를 하면 할수록 한국 문화에 대해서 알고 싶더라고요. 그래서 대학원에 가기로 **마음을 먹었어요.**

스테파니 : 토린 씨, 정말 대단하네요! **'천 리 길도 한 걸음부터'** 라는데 차근차근 준비해서 좋은 결과가 있기를 바라요.

토　　린 : 고마워요. 대학원에 입학하면 **마음이 맞는** 사람을 만나고 싶어요. 마음이 맞는 사람도 만나고 내가 하고 싶은 공부도 하게 되면 정말 즐거운 한국 생활을 할 수 있을 것 같아요.

문법 1

N같이

우리 아버지는 호랑이같이 무서워요.

손이 얼음같이 차가워요.

한국에서 에버랜드같이 놀이 기구가 많은 장소가 또 있을까요?

가 : 가족사진이에요?

나 : 네. 부모님과 동생이에요.

가 : 동생이 아주 예쁘게 생겼네요!

나 : 어릴 때는 인형같이 생겼다는 말도 많이 들었어요.

문법 2

N만 아니면

저는 뱃멀미를 하니까 배만 아니면 다 탈 수 있어요.

공포영화만 아니면 다른 영화는 다 좋아해요.

수영만 아니면 다른 운동은 모두 잘할 수 있어!

가 : 뭐 마실래요?

나 : 커피만 아니면 다 좋아요. 벌써 3잔이나 마셨거든요.

연습해 보세요 1

> 김치찌개는 매워서 못 먹는다
> 가 : 어떤 음식을 먹고 싶어요?
> 나 : 김치찌개같이 매운 음식만 아니면 다 먹을 수 있어요.
>
> 가 : _____?
> 나 : _____.

① 롤러코스터는 무서워서 못 탄다
② 크리스 씨는 무뚝뚝해서 안 만난다
③ ?

문법 3

V-다(가) 보니(까)

책을 읽다가 보니까 너무 재미있어서 밤새도록 읽었어요.
처음에는 친구였는데 자주 만나다 보니까 연인이 되었어요.
아침 운동을 하다 보니 건강해지고 기분도 좋아졌어요.

가 : 리우팅 씨는 학교에 뭐 타고 다녀요?
나 : 그냥 걸어 다니는데요.
가 : 집에서 학교까지 걸어 다니면 힘들지 않아요?
나 : 매일 걷다 보니까 익숙해져서 괜찮아요.

연습해 보세요 2

K-POP을 자주 들어서 한국 가수를 좋아한다

가 : 한국 가수를 좋아하나 봐요?

나 : 네. K-POP을 자주 듣다 보니까 한국 가수도 좋아하게 되었어요.

가 : _____?

나 : _____.

① 외국계 회사에 다녀서 유럽 출장이 많다

② 부모님의 옷 가게에서 일을 도와서 패션디자인에 관심이 많다

③ ?

문법 4

A/V-(으)ㄴ/는 셈이다

지금이 12월이니까 한 해가 다 지나간 셈입니다.

백화점에서 세일하는 청바지를 2만 원에 샀으니까 마트보다 싸게 산 셈이다.

일주일에 5번은 김밥을 먹으니까 거의 매일 김밥을 먹는 셈이에요.

가 : 어제 저녁에 치킨을 너무 많이 먹었어요.

나 : 얼마나 많이 먹었는데요?

가 : 10조각 중 8조각을 먹었으니까 한 마리를 다 먹은 셈이에요.

▷ **N인 셈이다**

휴대폰으로 메일도 보내고 채팅도 할 수 있으니 휴대폰이 컴퓨터인 셈이에요.

친구들은 힘든 일이 생길 때마다 항상 나를 도와주니까 나의 가족인 셈이다.

연습해 보세요 3

외투만 입으면 외출 준비는 끝이다

가 : 외출 준비를 다 했어요?

나 : 외투만 입으면 되니까 다 한 셈이에요.

가 : _____ ?

나 : _____ .

① 컵만 씻으면 설거지는 끝이다

② 통장 사본만 내면 서류 제출은 끝이다

③ ?

문법 5

A/V-아/어서인지

비가 와서인지 하루 종일 기분이 별로였다.
기분이 좋아서인지 저절로 콧노래가 나왔어요.
시험이 끝나서인지 도서관에 학생들이 별로 없어요.

가 : 무슨 일 있어요? 피곤해 보이는데요.
나 : 어제 옆방 사람이 밤새도록 떠드는 바람에 한숨도 못 잤어요.
　　그래서인지 너무 피곤해요.
가 : 그럼 지금이라도 집에 가서 좀 쉬도록 하세요.

▷ **N이어서/여서인지**
수제화여서인지 굽이 높아도 정말 편하군요!
연예인이어서인지 얼굴도 예쁘고 날씬하네요!

연습해 보세요 4

세일 기간에는 백화점에 사람이 평소보다 많다
가 : 백화점에 사람이 많네요!
나 : 세일 기간이어서인지 사람들이 평소보다 많은 것 같아요.

가 : .... !
나 : ....

① 겨울에는 군고구마가 많이 팔린다
② 줄넘기를 많이 하는 아이는 키가 크다
③ ?

문법 6

V-는 등(등), N 등(등)

대통령과 영부인은 미국, 중국, 독일 등등 여러 나라를 방문 중이다.
주말에는 등산을 하고 영화를 보는 등 부모님과 함께 시간을 보낸다.
체육대회에서는 이어달리기, 줄다리기, 기마전 등 협동이 필요한 종목이
많다.

가 : 지난 방학에 뭐 했어요?
나 : 경주, 부산, 여수 등 남부 지방을 여행했는데 한국에 이렇게 아름
　　다운 곳이 많은 줄 몰랐어요.

체육대회 an athletics meeting	이어달리기 relay
줄다리기 tug-of-war	기마전 mock cavalry battle
협동 cooperation	종목 event

연습해 보세요 5

N같이	N만 아니면	V-다(가) 보니(까)
A/V-(으)ㄴ/는 셈이다	A/V-아/어서인지	V-는 둥(둥), N 둥(둥)

아들 : 여보세요? 엄마?

엄마 : 잘 지내고 있어? 한국 생활은 어떠니?

아들 : 한국 생활이 (처음이다) _____ 조금 힘들지만 적응하고 있어요. 집에는 별일 없어요?

엄마 : 별일 없지. 음식은 입에 맞니? 친구는 많이 생겼어?

아들 : (김치찌개) _____ (매운 음식) _____ 다 잘 먹어요. 같은 방을 쓰는 친구도 어떤 친구일까 처음에는 걱정했는데 (지내다) _____ 형처럼 저를 잘 챙겨 줘요. (친구, 선생님) _____ 새로 만난 사람들도 친절하고요. 벌써 한국 친구도 다섯 명이나 생겼으니까 친구도 많이 (사귀다) _____. 엄마는 어떠세요?

엄마 : 엄마도 너와 떨어져 지내는 게 처음이라서 허전하더니 이제 조금 괜찮아졌어.

아들 : 아버지도 잘 지내시지요?

엄마 : 그럼. 아버지도...(우당탕!!) 여보! 하루도 조용한 날이 없네! 아들! 다음에 다시 통화하자.

아들 : 알겠어요. 주말에 다시 전화 드릴게요.

본문

● 여러분은 고향에서 주말에 무엇을 하면서 시간을 보냈습니까?

리 에 : 마리오 씨, 주말에 뭘 했어요?

마리오 : 홍대 앞에 다녀왔어요. 친구가 홍대같이 신나는 곳도 없다고
해서요.
리에 씨도 가 봤어요?

리 에 : 그럼요. 독특하고 재미있는 물건을 파는 가게가 많잖아요.
일주일에 두세 번은 쇼핑을 하거나 친구를 만나러 그곳에 가
니까 자주 가는 셈이에요.

마리오 : 그렇군요! 제가 갔을 때는 거리에서 춤을 추는 사람도 있었
고 노래를 부르는 사람, 기타를 치는 사람들도 있었어요. 춤
추는 것을 보고, 노래도 듣고, 기타 연주도 듣다 보니까 평소
에는 느낄 수 없었던 한국 사람들의 열정이 느껴졌어요.

리 에 : 즐거웠겠네요! 시험만 아니면 저도 같이 갈 수 있었을 텐데...
다음에는 꼭 같이 가요. 제가 좋아하는 클럽을 소개해 줄게요.

마리오 : 클럽이요? 리에 씨, 춤추는 것을 좋아해요?

리 에 : 아니요. 별로 좋아하지 않아요. 하지만 모든 클럽에서 춤만
추는 것은 아니에요. 재즈나 락, 밴드 음악 등등 다양한 음악
을 들을 수 있는 클럽도 있거든요.

마리오 : 그래요? 리에 씨의 이야기를 들어서인지 빨리 가고 싶은데
요. 언제 갈까요?

리 에 : 하하하. 그럼 이번 주말은 어때요?

마리오 : 좋아요. 이번 주말에 같이 갑시다. 정말 기대되는군요!

| 클럽 club | 재즈 jazz |
| 밴드 band | |

1. 리에 씨가 홍대 앞을 좋아하는 이유는 무엇입니까?

2. 홍대 앞에 있는 클럽에서는 무엇을 할 수 있습니까?

3. 여러분은 이번 주말에 어디에 가고 싶습니까? 그곳에서 무엇을 할
   수 있습니까?

듣기

1. 맞으면 O, 틀리면 X 하세요.

　① 스테파니 씨는 방학에 고향에 돌아갈 것이다.　　　　　（　　）

　② 한강 공원에서는 7월과 8월에 다양한 행사를 한다.　　　（　　）

　③ 행사 기간 동안 캠핑장에서 필요한 물건을 5만원에 빌릴 수 있다.

　　　　　　　　　　　　　　　　　　　　　　　　　　（　　）

2. 마지막에 이어질 내용은 무엇입니까?

　① 한강 공원 주소　　　　　② 한강 공원 홈페이지 주소

　③ 자세한 프로그램 설명　　④ 프로그램 참여 방법

3. 다음 표의 빈 칸을 채우세요.

행사 장소	
행사 기간	
행사 내용	

4. 여러분 나라에는 시민을 위한 어떤 행사가 있습니까?

시민 citizen		비보이 공연 B-boy dancing	
침낭 sleeping bag		윈드서핑 windsurfing	
제트스키 jet-ski		수상 스포츠 water sports	

이야기해 보세요

1. 여러분은 어떻게 한국을 알게 되었습니까?

> 리우팅 : 리에 씨는 어떻게 한국을 알게 되었어요?
>
> 리 에 : 우연히 DK그룹의 공연을 보게 되었는데 노래도 잘하고 춤도 잘 춰서 반했어요. 그래서 한국에 관심을 가지게 되었어요.
>
> 리우팅 : 한국에 와서 지내보니 어때요?
>
> 리 에 : 한국에 와서 살다 보니까...

2. 한국에 오기 전과 한국에 온 후의 생각이나 느낌은 어떻게 다릅니까?

한국에 오기 전	한국에 온 후
- K-POP이 정말 좋다. - 한국 사람들은 매운 음식을 잘 먹을 것이다.	- 아이돌뿐만 아니라 유명한 가수도 많다. - 한국 사람들이 모두 매운 음식을 잘 먹는 것은 아니다.

3. 한국에 오기 전과 후 달라진 여러분의 생각을 글로 써 보세요.

> 나는 DK그룹같이 멋진 한국의 아이돌 가수를 좋아해서 한국에 관심을 가지게 되었다. 그런데 한국에 와서 지내다 보니까 한국에는 아이돌뿐만 아니라 유명한 가수들도 많았다.
> 한국에 오기 전에

읽기

● 여러분은 어떤 하루를 보내고 있습니까?

젊은이들의 새로운 삶의 방식, '나홀로족'

젊은이들을 중심으로 '나홀로족'이 늘고 있다. '나홀로족'은 친구가 없어서 혼자 지내는 것이 아니고 혼자 지내는 것이 좋아서 식사나 쇼핑, 여가 활동 등 일상생활을 혼자서 해결하는 사람을 일컫는 말이다. 요즘 20대 젊은 사람들 중에서 75% 정도가 자신을 '혼술, 혼밥'을 즐기는 '나홀로족'이라고 했다. 그들이 개인적인 생활을 하는 이유는 첫째, 시간을 효율적으로 활용할 수 있어서, 둘째, 혼자 다니는 것이 익숙하고 편해서, 셋째, 주변 사람들과 같이 다니면서 시간과 비용 문제로 스트레스를 받기 싫어서, 마지막 이유는 마음에 드는 사람을 만나기 어렵기 때문이라고 답했다. 특히 취업을 앞둔 대학생들은 친구들과 함께 듣는 강의 시간만 아니면 혼자 학원에 가거나 아르바이트를 하면서 시간을 보낸다. 결과적으로 하루의 대부분을 혼자 지내는 셈이다. 이렇게 '나홀로족'이 많아져서인지 대학가 근처에 있는 식당가에도 혼자 식사하는 사람을 위한 바(BAR) 형식의 좌석이나 1인용 식탁이 배치된 곳이 늘어나고 있는 추세이다.

전문가들은 '나홀로족'이 늘어나는 이유가 한국의 빠른 변화 때문이라고 말한다. 1970~80년대 한국의 젊은이들은 모든 일을 함께 해결하고 정보를 공유했지만 한국 사회가 경쟁 사회로 변하다 보니 지금의 젊은이들은 스스로 빠르게 문제를 해결하는 것이 편리하다는 사고방식을 갖게 되었다. 이렇게 혼자서 문제를 해결하다 보니 다른 사람들과 사회적 관계를 제대로 맺지 못하는 젊은이들이 늘고 있다는 우려의 목소리가 높다.

1. 글의 내용과 같으면 O, 틀리면 X 하세요.

   ① 주변 사람과 같이 다니면 시간과 비용을 줄일 수 있다. ( )

   ② 한국 사회가 경쟁 사회로 변하면서 '나홀로족'이 늘어났다. ( )

   ③ 대학가에는 1인용 식탁이나 좌석이 많아졌다. ( )

2. '나홀로족'은 무엇입니까?

3. '나홀로족'이 많아지는 이유는 무엇입니까?

4. 여러분은 '나홀로족'에 대해 어떻게 생각합니까?

젊은이 young person
나홀로족 home-aloners
일컫다 call
혼밥 eating alone
취업 get a job
바 bar
경쟁 사회 competitive society
관계를 맺다 from a connection

중심 center
여가 free time
혼술 drinking alone
개인적 personal
앞두다 have something ahead
추세 trend
사회적 social

쓰기

1. 문제가 생겼을 때 어떻게 해결하는 것이 좋을까요?

   ● 혼자 문제를 해결하는 것

   장 점 ....

   단 점 ....

   ● 다른 사람과 함께 문제를 해결하는 것

   장 점 ....

   단 점 ....

2. 여러분은 문제가 생겼을 때 어떻게 합니까?

   ....

   ....

   ....

   ....

   ....

   ....

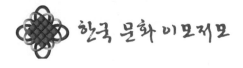
한국 문화 이모저모

'빨리빨리 문화' 를 아세요?

　예로부터 중국 사람들은 한국을 '동방예의지국(東方禮儀之國)' 혹은 '군자국(君子國)'이라고 불렀다. 조선 시대(1392년~ 1910년)나 개화기(1876년~1910년)의 시기에 외국인들 눈에 비친 한국 사람(선비나 양반 계층)은 아무리 바빠도 절대로 뛰는 법이 없는 여유가 있는 민족이었다고 한다. 하지만 이런 모습들은 오히려 외국인들의 눈에는 너무나 느리고 게으른 민족으로 보이기도 했다. 그런데 지금은 한국 하면 떠오르는 이미지는 그와 반대로 '빨리빨리'일 것이다. 그렇다면 '빨리빨리'의 역사는 과연 언제부터 시작되었을까?

　한국에서 '빨리빨리 문화'가 만들어진 것은 불과 오십 년이 채 되지 않았다. 한국 전쟁(1950년)을 겪은 후 다시 잘살아 보기 위해 1970년대에 여러 가지 경제 정책을 시행하면서 짧은 시간에 경제를 일으키려다 보니 뭐든지 '빨리빨리' 하는 문화가 형성되었다. 덕분에 한국은 '한강의 기적'이라는 말이 생길 정도로 아주 짧은 시간에 눈부신 경제 성장을 하였고, 한국을 롤모델로 삼고자 하는 나라들도 생겼다.

　외국인이 바라본 한국인의 '빨리빨리' 모습은 어떤 것들이 있을까? 한국 사람들은 잘 깨닫지 못하겠지만, 커피 자판기에서 커피가 다 나올 때까지 기다리지 못하고 손을 넣고 기다리는 모습이나, 엘리베이터의 문이 닫힐 때까지 기다리지 못하고 계속 '닫힘' 버튼을 누르는 것이 대표적인 모습이라고 한다.

　그동안 '빨리빨리'는 대체로 나쁜 이미지로 인식되어 왔다. 한국 사람들은 식당에서 음식을 주문하는 동시에 "빨리 주세요"라고 말을 하고, 배달 음식이 삼십 분이 지나도 오지 않으면 짜증을 내면서 재촉 전화를 하기도 한다. 또 인생에서 가장 중요하고 의미 있는 결혼식을

한국 문화 이모저모

십 오분 내로 끝내는 모습이나, 결혼식은 대충 보고 식권을 받아서 식당으로 가는 손님들의 모습은 외국인들에겐 분명 낯선 모습이었을 것이다.

하지만, 전 세계에서 인터넷 속도가 제일 빠른 나라가 된 이유 중 하나도 한국 사람들은 일 초만 늦어도 잘 참지 못하기 때문에 인터넷 속도가 아주 빠르게 진화되었다고 하니 참 재미있는 일이다.

한국으로 유학을 가서 말로만 듣던 한국의 '빨리빨리 문화'를 접하게 되면 모두 깜짝 놀란다. 인터넷 속도가 너무 빨라서 놀라고, 관공서나 학교 행정 업무의 일 처리가 너무 빨라서 또 놀란다. 점심시간은 보통 열두 시부터 한 시까지지만, 점심시간에도 필요한 업무를 다 볼 수 있는 '빨리빨리' 문화에 감탄한다. 이렇게 '빨리빨리' 일 처리하는 모습을 보고 외국인들은 한국 사람에 대해 '근면하고 성실한 민족'이라는 이미지를 갖게 된다고 한다.

유학 생활을 하면서 한국 사람의 '근면 성실한 빨리빨리'를 배운다면 졸업 후 취직 걱정은 하지 않아도 될 것 같다.

memo*

많은 사람이 보는 가운데 불꽃놀이가 시작되었어요

- 학습목표 : 축제에 관한 자신의 생각을 이야기할 수 있다.
- 기　　능 : 확인하기, 조언하기
- 문　　법 : V-자, A-다면서(요)?, V-ㄴ/는다면서(요)?, A/V-(으)ㄴ/는/(으)ㄹ 듯하다, V-지 그 래(요)?, A/V-(으)ㄴ/는 가운데, N을/를 막론하고

축제에 대해서 이야기해 봅시다.

한국에는 어떤 축제가 있을까요?
여러분의 나라에는 어떤 축제가 있나요?
사람들은 왜 축제를 하게 됐을까요?

어휘와 표현

명사

행사

취재진 reporters
오페라 opera
참가자 participant
폭죽 firecracker
지위 status
고하 rank
남녀노소 men and women of all ages
동서고금 all ages and countries
연설 speech
외국인 foreigner
추첨 lottery

기타

빗방울 raindrop
하이힐 high heels
벌금 penalty
공고문 notification
국적 nationality
소나기 shower
전체 whole
경기도 Gyeonggi-do province
국민 citizens
순간 moment

동사

행사

응원하다 support
환호하다 jubilate
벗어나다 get out
흥분되다 be excited
기획하다 plan
진행되다 progress
경청하다 listen

기타

하락하다 depreciate
활성화되다 activate
개봉하다 release
미끄러지다 slip

형용사

수많다 a lot of

부사

드디어 finally
우르르 come stampeding out of
점차 step by step
한껏 feeling cool
내내 all the time
금방 soon

유채꽃 축제 rape flower festival
벚꽃 축제 cherry blossom festival
강릉 단오제 Gangneung Danoje
festival
신입생 환영회 fresher welcome party
월드컵 경기장 world cup stadium

레드 카펫 the red carpet
사정이 있다 have some consequences
특성을 살리다 make the most
of something's
characteristics
컬이 풀리다 go out of curl
멋을 내다 dress up

더 배워 봅시다.

귀에 못이 박히다 : 듣기 싫을 정도로 같은 말을 여러 번 듣는다
꿩 먹고 알 먹기 : 한 가지 일을 해서 두 가지 이상의 이익을 얻는다

예) 애 니 : 마리오 씨, 이번 주말에 1시까지 우리 집에 와야 해요. 늦
으면 안 돼요.
마 리 오 : 알겠어요. 벌써 10번도 넘게 들은 것 같아요. **귀에 못이
박히겠어요.**
그런데 불꽃놀이는 밤 8시에 시작하는데 낮부터 가서 뭘
하려고요?
애 니 : 일찍 가야 좋은 자리에서 볼 수 있어요. 그리고 불꽃놀이
는 8시지만 5시부터 제가 좋아하는 가수들의 공연을 볼
수 있거든요. 공연도 보고 불꽃놀이도 보고 **꿩 먹고 알
먹기**예요.
마 리 오 : 알겠어요. 이번 주말에 늦잠을 자기는 틀렸네요!

문법 1

V-자

냉장고 문을 열자 오렌지가 우르르 쏟아져 나왔다.
오페라가 끝나자 관객들은 일어서서 박수를 치기 시작했다.
공항에 아이돌 가수가 도착하자 취재진이 몰려들었다.

가 : 이제 이 곳에 쓰레기를 안 버리나 봐요! 깨끗해졌네요.
나 : 네. 쓰레기를 버리면 벌금을 내야 한다는 공고문이 붙자 쓰레기를
　　 안 버리더라고요.

문법 2

A-다면서(요)?, V-ㄴ/는다면서(요)?

너 다음 달에 결혼한다면서?
저 가수가 중국에서 인기가 그렇게 많다면서요?
뉴스에서 들었는데 이번 겨울이 많이 춥다면서요?

가 : 이번 방학에 유럽 여행을 간다면서?
나 : 무슨 소리야. 돈이 없어서 제주도 여행도 못 가는데...
가 : 그럼 내가 잘못 들었나 봐.

▷ N(이)라면서(요)?
여기가 신입생 환영회 장소라면서?
이 디자인이 올해 유행하는 스타일이라면서요?

연습해 보세요 1

명동에서 하는 팬 미팅에 갔다는 이야기를 들었는데 사실이 아니었다

가 : 명동에서 하는 팬 미팅에 갔다면서요?

나 : 아니에요. 강남에서 하는 팬미팅에 갔다 왔어요.

가 : _____?

나 : _____.

① 마리오가 내일 개봉하는 영화의 주인공이라는 말을 들었는데 사실이
아니었다
② 최지영 씨의 남편이 멕시코 사람이라는 말을 들었는데 사실이었다
③ ?

문법 3

A/V-(으)ㄴ/는/(으)ㄹ 듯하다

리에 씨가 콧노래를 부르는 걸 보니까 기분이 좋은 듯해요.

갑자기 빗방울이 떨어지는 것을 보니 소나기가 올 듯해요.

입원해 있는 동안 친구가 옆에서 돌봐줘서 가족과 함께 있는 듯했어요.

가 : 6시에 명동에서 약속이 있는데 버스를 탈까요?

나 : 길이 막힐 듯하니까 지하철을 탑시다.

▷ N인 듯하다

크리스 씨 지갑에 돈이 많은 걸 보니까 부자인 듯해요.

두 사람이 같이 다니는 것을 보니 연인인 듯하다.

문법 4

V-지 그래(요)?

많이 아픈 것 같은데 병원에 가지 그래요?

아무리 서둘러도 오늘은 다 끝낼 수 없으니까 천천히 하지 그래요?

지금 안 먹으면 이따가 배가 고플 텐데 뭘 좀 먹지 그래?

가 : 리에 씨가 왜 안 오지?

나 : 한 시간이 지나도 안 오는 걸 보면 오늘은 못 만날 것 같은데 다음
에 만나지 그래?

연습해 보세요 2

예매를 안 하고 콘서트장에 가면 표를 살 수 없다

가 : 콘서트장에 갈까 해요.

나 : 예매를 안 해서 표가 없을 듯한데 다음 공연 때 가지 그래요?

가 : _____ .

나 : _____ ?

① 파마하고 나서 샤워를 하면 컬이 풀린다

② 눈이 오는 날 하이힐을 신으면 미끄러진다

③ ?

문법 5

A/V-(으)ㄴ/는 가운데

체육대회는 비가 오는 가운데 예정대로 진행되었다.

많은 사람들이 환호하는 가운데 올림픽 개막식이 시작되었다.

마리오 씨는 몸이 피곤한 가운데 친구의 이사를 도와주다가 감기에 걸리고 말았다.

가 : 저는 사정이 있어서 못 갔는데 졸업 전시회가 재미있었다면서요?

나 : 네. 많은 학생이 모인 가운데 깜짝 공연과 선물 추첨 같은 다양한 행사를 했어요.

연습해 보세요 3

> 축제의 시작을 알리자 수많은 사람이 박수를 쳤다
>
> 가 : 축제가 시작됐습니까?
>
> 나 : 수많은 사람이 박수를 치는 가운데 축제가 시작됐습니다.
>
> 가 :   ?
>
> 나 :   .

① 대통령이 연설을 시작하자 국민들이 경청했다

② 면접시험이 시작되자 지원자들이 긴장했다

③ ?

문법 6

N을/를 막론하고

세계 불꽃 축제는 남녀노소를 막론하고 모두가 즐길 수 있는 축제입니다.
법은 지위의 고하를 막론하고 누구나 지켜야 합니다.
동서고금을 막론하고 여자라면 누구나 아름다워지고 싶어합니다.

가 : 월드컵이 시작됐는데 경기장의 분위기는 어떻습니까?
나 : 경기장에 있는 세계 각국의 사람들은 국적을 막론하고 선수들을
　　응원하고 있습니다.

연습해 보세요 4

인생에서 가장 중요한 것은 태도이다
가 : 인생에서 가장 중요한 것이 뭐라고 생각하십니까?
나 : 남녀노소를 막론하고 열심히 노력하는 태도라고 생각합니다.

가 : 　　　　　　　　　　　　　　　　　　　　　　　　?
나 : 　　　　　　　　　　　　　　　　　　　　　　　　.

① 삶에서 가장 소중한 것은 친구이다
② 사회에서 반드시 지켜야 할 것은 규칙이다
③ ?

연습해 보세요 5

　　나는 지난주에 친구들과 함께 여주 도자기 축제에 다녀왔다. 친구들은 축제에 가기 전부터 도자기 축제에 가면 한국의 유명한 도예가들이 도자기를 만드는 모습을 직접 볼 수 있다며 많은 기대를 했다. 축제장에 (도착하다) ＿＿＿＿＿＿ 많은 사람이 도자기 만드는 모습을 볼 수 있었다. 나와 친구들은 체험관에서 도자기 체험을 했다. 전통 방식 그대로 도자기를 만드는 과정을 경험해 보니 (과거로 돌아가다) ＿＿＿＿＿＿ .

　　도자기를 다 만든 후에 가마에서 도자기가 나오는 광경을 보았다. 완성된 도자기가 나오는 순간 (남녀노소) ＿＿＿＿＿＿ 모두 숨을 죽였다.

　　모두가 (지켜보다) ＿＿＿＿＿＿ 드디어 모습을 드러낸 도자기들은 보석같이 아름다웠다.

여주 도자기 축제 Yeoju Ceramic Festival	도예가 potter
체험관 experience center	과정 process
그대로 intactly	가마 kiln
광경 scene	드러내다 reveal
보석 jewels	

본문

● 여러분은 한국의 어떤 축제를 알고 있습니까?

스테파니 : 크리스 씨, 부산 국제 영화제 개막식에 다녀왔다면서요?

크 리 스 : 소문이 진짜 빠르네요! 개막식이 평일이어서 어제 수업 마치고 다녀온 건데...

스테파니 : 그랬군요! 개막식 분위기가 어땠어요?

크 리 스 : 어제 KTX를 타고 부산에 도착하니까 5시쯤이었어요. 영화제 때문인지 부산역에서 행사장까지 가는 동안 외국인도 많고 곳곳에서 터지는 폭죽과 카메라의 플래시 때문에 부산 전체가 개막식장인 듯했어요. 얼마나 흥분되었는지 몰라요.

스테파니 : 유명한 배우들도 많았지요?

크 리 스 : 물론이지요. 개막식장에 도착하자 영화제를 찾은 관객들이 환호하는 가운데 레드 카펫 행사가 막 시작되고 있었어요. 예쁜 드레스로 한껏 멋을 낸 여배우들의 모습은 정말 아름다웠어요.

스테파니 : 크리스 씨, 영화를 보러 간 게 아니라 배우들을 보러 갔군요!

크 리 스 : 아니에요. 제가 얼마나 영화를 좋아하는데요. 영화제 개막식에 가면 좋은 영화도 보고 멋진 배우들도 볼 수 있으니 ㉠ 꿩 먹고 알 먹기지요.

스테파니 : 좋았겠네요. 저도 가 보고 싶어요.

크 리 스 : 다음 주 주말까지 영화제가 계속되니까 스테파니 씨도 한번 다녀오지 그래요? 동서고금을 막론하고 세계 각국의 작품성 있는 영화들을 볼 수 있어요.

1. 크리스 씨가 부산에 다녀온 이유는 무엇입니까?

....

....

2. 영화제가 열린 부산과 개막식장의 분위기는 어땠습니까?

....

....

3. ㉠의 이유는 무엇입니까?

....

....

4. 여러분도 영화제에 참여해 본 적이 있습니까? 어떤 영화제에 참여
   해 보고 싶습니까?

....

....

....

부산 국제 영화제 PIFF(Pusan international film festival)
곳곳 here and there   터지다 burst
플래시 flashlight   작품성 work value

1. 맞으면 O, 틀리면 X 하세요.

　　① 세계 불꽃 축제는 올해 10주년이다.　　　　　　　　　(　)

　　② 국제 재즈 페스티벌은 금, 토 이틀간 열린다.　　　　　(　)

　　③ 축제 동안 여의도 주변은 자동차가 다닐 수 없다.　　　(　)

2. 이번 주말에 열리는 축제에는 무엇이 있습니까? 다음 표의 빈칸을 채우세요.

이름	재즈 페스티벌	
장소		여의도 한강 공원
내용		
기타	정해진 관람석이 없다	

3. 여러분은 한국에서 참가해 본 축제가 있어요? 어땠어요?

가평 GAPYEONG
펼치다 unfold
한강대교 Hangangdaegyo (bridge)
통제되다 regulate
관람석 an auditorium

자라섬 JARASUM
수놓다 embroider
일부 section
유의하다 pay attention

이야기해 보세요

1. '축제'란 무엇일까요?

크리스 : 지영 씨, 요즘 다양한 축제가 많이 열리는데요. 혹시 '축제'의 기원이 뭔지 알아요?

최지영 : 조금요. 축제는 축하와 제사를 함께 의미하는 말이에요. 축제는 고대부터 시작되었는데 씨를 뿌리는 일이 끝나는 5월과 추수가 끝나는 10월에 했어요.

크리스 : 그렇군요! 그럼 축제를 시작한 이유는 뭐예요?

최지영 : 처음 시작은 농사로 지친 사람들의 피로를 풀어 주기 위한 것이었어요.
한국 사회가 산업화가 되면서 점차 사라지다가 1980년 이후부터 각 지방의 특성을 살리고 지역 주민들을 화합시키려는 목적에서 다시 활성화되기 시작했어요.

크리스 : 그럼 유명한 축제 몇 가지만 좀 알려 주세요.

최지영 : 벚꽃 축제, 해운대 축제, 강릉 단오제, 제주도에서는 유채꽃 축제가 유명해요.

크리스 : 그렇군요. 이번에는 꼭 한번 축제에 참여해 봐야겠어요.

2. 여러분이 가 보고 싶은 한국의 축제에 대해 이야기해 봅시다.

친구 이름	가 보고 싶은 축제	축제에서 할 수 있는 것
장소		
기타		

기원 origin	제사 ancestral rites
고대 ancient	씨 seed
추수 harvest	농사 farming
지치다 be exhausted	산업화 industrialization
주민 resident	화합 harmony

3. 세계에는 다양한 축제가 있습니다. 축제에 대해 조사한 후 이야기해
   봅시다.

국가	
이름	
시기와 장소	
유래	
내용	

읽기

● 여러 나라에는 다양한 축제가 있습니다. 어떤 축제들이 있을까요?

<토마토 축제>

★ 시기: 매년 8월 마지막 수요일
★ 장소: 스페인 부뇰(Bunol)
★ 유래: 토마토 값이 하락하자 화가 난 농부들이 토마토를 바닥에 던졌다.
★ 내용: 축제 참가자들을 위해 준비한 토마토를 서로에게 던지며 즐기는 것
★ 기타: 음악 공연, 불꽃놀이, 음식 축제 등
★ 장점: 자유를 느낄 수 있다.
★ 단점: 숙박비가 비싸고 대중교통 이용이 불편하다.

시기 time	숙박비 rom charge
대중교통 public transportation	당시 then
유래되다 originate	방지하다 prevent
찌그러뜨리다 crush	

스트레스를 풀 수 있는 가장 재미있는 축제 '라 토마티나(La Tomatina)'! 이것은 스페인에서 열리는 토마토 축제를 말한다. 라 토마티나는 스페인의 작은 도시 '부뇰(Bunol)'에서 매년 8월의 마지막 수요일에 열린다. 처음 시작한 시기는 1944년인데 그 당시 토마토 값이 너무 하락해서 화가 난 농부들이 토마토를 던진 것에서부터 유래되었다. 축제 당일 낮 12시가 되면 축제 참가자들은 준비된 10만kg 정도의 토마토를 약 두 시간 동안 서로에게 던지며 축제를 즐긴다. 이 때 축제 참가자들은 서로에게 토마토만 던져야 하며 위험을 방지하기 위해 토마토를 찌그러뜨린 후에 던져야 한다. 축제가 끝난 후 토마토로 붉게 물든 거리는 소방차가 와서 청소를 하기 때문에 금방 깨끗해진다.

그뿐만이 아니다. 이 축제에서는 음악 공연, 불꽃놀이, 음식 축제 등 다양한 볼거리와 즐길 거리들이 일주일 내내 펼쳐진다. 스트레스를 풀고 일상에서 벗어나 자유를 느낄 수 있다는 장점 때문에 매년 많은 사람이 찾는다. 그러나 작은 도시에 아주 많은 사람이 모이기 때문에 숙박 시설이 부족하고 비싼 데다가 대중교통을 이용하는 것도 불편하다는 단점이 있다.

1. 토마토 축제가 시작된 이유는 무엇입니까?

2. 축제를 즐길 때 유의할 점은 무엇입니까?

3. 축제의 단점을 해결하기 위한 방법은 어떤 것들이 있을까요?

쓰기

● 여러분은 어떤 축제를 좋아합니까? 많은 사람과 어울릴 수 있는 축제를
기획해 봅시다.

축제 이름	
유래	
시기	
내용	
홍보 방법	

● 여러분이 기획한 축제의 포스터와 소개하는 글을 써 보세요.

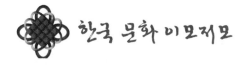
한국 문화 이모저모

한국인의 여가

　여가란 직업상의 일, 필수적인 가사일, 수업 등과 같은 의무적인 활동 이외의 스포츠, 취미, 휴양 등을 하는 자유 시간을 말한다. 한국인들은 이런 자유 시간에 어떤 여가 활동을 얼마나 하는지 알아보도록 하자.

　2014년 국민 여가활동 조사에 따르면, 여가 시간에 주로 텔레비전 시청(51.4%)을 가장 많이 하는 것으로 나타났다. 한국 사람들은 주로 '상속자들', '별에서 온 그대', '괜찮아 사랑이야'와 같은 드라마를 보면서 마치 자신이 남자 주인공이나 여자 주인공이 된 것 같은 대리 만족을 얻거나 깊은 공감대를 형성하면서 눈물도 흘리고 마음껏 웃는다. 또 중국이나 동남아 등에서도 인기있는 '무한도전', '러닝맨', '1박 2일' 등의 예능 프로그램은 일주일 동안 쌓였던 스트레스를 푸는 데 아주 적합하다.

　두 번째로, 여가 시간에 가장 많이 하는 것은 인터넷(11.5%)이다. 한국의 젊은 사람 중에는 인터넷을 안 하는 사람을 찾기 어려울 정도로 인터넷이 생활화 되었고, 세계에서 가장 빠른 인터넷 속도와 와이파이 덕분에 컴퓨터는 물론이고 스마트폰으로 온종일 인터넷을 즐긴다. 한국의 대표적인 인터넷 검색 사이트는 '네이버'와 '다음'이 있다. 사람들은 이러한 사이트들을 통해서 정보를 빠르게 얻기도 하고, 이메일을 서로 주고 받기도 하며 쇼핑, 영화, 노래, 게임 등도 편하게 즐기기도 한다.

　세 번째로, 산책(4.5%)이다. 서울에서 사람들이 많이 찾는 산책길로는 올림픽 공원, 덕수궁 돌담길, 월드컵 공원, 서울숲 등이 있다. 산책의 장점은 무엇보다 도시 생활에 지친 사람들이 자연과 함께 할 수 있

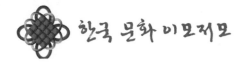

한국 문화 이모저모

고, 천천히 걸으며 가벼운 운동도 할 수 있어서 건강에 좋고, 사색하며 여러 가지 일들을 다시 돌아보는 시간도 얻을 수 있어서 정신적인 건강에도 도움이 된다.

이 외에도 한국 사람들이 여가 시간에 하는 것은 스포츠 참여 활동과 문화예술관람 등이 있다. 주말이나 휴일에 여러 사람들이 함께 모여 축구나 야구를 하면서 즐거운 여가 시간을 보내고, 극장에 가서 새로 나온 영화나 연극을 보며 문화생활을 누린다. 또한, 관광활동도 즐기는 것으로 나타났는데, 한국 사람들이 가고 싶은 국내의 대표적인 여행지로는 서울의 5대 고궁, 광장 시장, 명동, 남산, 설악산, 남이섬, 해운대 그리도 제주도의 올레길과 한라산 등이 꼽혔다. 또, 해외 여행지로는 파리, 홍콩, 하와이, 다낭, 방콕, 오사카 등을 선택했고, 3박 4일 여행을 가장 많이 가는 것으로 나타났다.

이렇듯 한국 사람들은 여가 시간에 적극적인 육체 활동 보다는 대부분이 소극적인 휴식활동에 주력하고 있는 것으로 나타났다. 또한, 이러한 여가 활동들은 혼자서 하는 경우(56.8%)가 가장 많았고, 이어서 가족과 함께하는 경우(32.1%), 친구와 함께하는 경우(8.3%)의 순서대로 조사되었다.

한편, 국민들이 여가 활성화를 위해 중요하다고 생각하는 정부정책으로는 여가시설 확충과 여가 프로그램의 개발 및 보급이었다.

03

쓰레기를 어떻게 버려야 해요?

▪ 학습목표 : 쓰레기 문제에 관해 자신의 의견을 이야기할 수 있다.
▪ 기   능 : 의견 말하기, 심정 토로하기
▪ 문   법 : N(이)나 되는 것처럼/듯이, V-고는/곤 하다, V-기 일쑤이다, V-(으)려다(가) (말다), N에(게) 있
           어서, N마저

쓰레기를 버리는 방법에 대해 이야기해 보세요.

여러분이 오늘 버린 물건은 무엇인가요?

여러분의 나라에서는 분리수거를 하고 있나요?

쓰레기 문제를 어떻게 해결해야 할까요?

어휘와 표현

명사

환경
분리수거 waste sorting
먼지 dust
재활용 recycling
이면지 reusable paper
청결 hygiene
플라스틱 plastic
국물 soup
통째 all

기타

성장 growth
보온병 vacuum bottle
인간관계 relationship
생명 life
구조대 rescue team
바이킹 pirate ship ride
건망증 amnesia
재벌 wealthy household
전부 all
막차 the last train
의식 consciousness
스타 star
가야금 Korean zither with twelve strings
유기견 abandoned dog

상대방 the other party
단어 word
연습장 exercise book
고아원 orphanage
마찬가지 the same
택견 Teakkyean
설악산 Seoraksan

동사

환경
처리하다 deal with
흘러나오다 outgush
썩다 rot
분류하다 classify
나서다 come forward

기타
배려하다 consider
다가오다 approach
반기다 greet
둘러보다 look round
뒤덮다 cover

형용사

뻔하다 obvious
서툴다 clumsy
커다랗다 big
매스껍다 feel nausea

종종 sometimes
툭하면 often
시시콜콜 every detail
혹시나 by any chance
번번이 always
아마도 perhaps

환경오염 environmental pollution
공장 폐수 industrial sewage
동물 보호 센터 animal protection center
포장을 뜯다 open packaging
쓰레기 종량제 volume-rated garbage disposal system
시간이 나다 spends one's free time
야단을 맞다 be scolded

더 배워 봅시다.

눈도 깜짝 안 하다 : 조금도 놀라지 않고 무서워하지 않다
식은 죽 먹듯 : 어떤 일을 아주 쉽게 하는 모양
갈수록 태산 : 어떤 일을 하면 할수록 어려워지다

예) 리 우 팅 : 리에 씨, 대단한데요. 바이킹이 안 무서워요? **눈도 깜짝 안 하고** 잘 타네요!

리　에 : 바이킹이 뭐가 무서워요. 이 정도는 **식은 죽 먹기지요.** 너무 재미있어요.
우리 한 번 더 탈까요? 아니면 롤러코스터는 어때요?

리 우 팅 : **갈수록 태산이네요.** 우리 잠깐 쉬면서 커피나 마셔요. 머리도 아프고 속도 매스꺼워요.

리　에 : 알았어요. 그럼 커피를 마신 후에 다른 놀이 기구를 타러 갑시다.

문법 1

N(이)나 되는 것처럼/듯이

선생님은 우리 부모님이나 되는 것처럼 시시콜콜 잔소리를 해요.
그 사람은 사장이나 되는 것처럼 모든 일을 자기 마음대로 처리해요.
크리스는 유명한 스타나 되는 듯이 항상 선글라스를 끼고 다녀.

가 : 그 보온병을 무슨 보물이나 되는 것처럼 항상 가지고 다니네!
나 : 남자 친구가 선물해 준 거라서 그래.

문법 2

V-고는/곤 하다

저는 요즘 시간이 나면 설악산으로 등산을 가고는 해요.
나는 기분이 나쁠 때 청소를 하는데 그러면 기분이 좋아지곤 해.
저는 주말에 택견을 하곤 하는데 스테파니 씨는 주말에 보통 뭐 해요?

가 : 혼자서 영화 보고 오는 거야?
나 : 응. 나는 가끔 혼자서 영화를 보곤 해. 혼자가 편할 때도 있거든.

연습해 보세요 1

리우팅 씨는 부자같이 돈을 많이 쓴다

가 : 리우팅 씨가 왜 저렇게 돈을 많이 써요?

나 : 그러게요! 요즘 마치 부자나 되는 것처럼 돈을 쓰곤 해요.

가 :   ?

나 :   .

① 마리오 씨는 운동선수같이 열심히 운동을 한다
② 애니 씨는 화장품 회사의 직원같이 물건을 소개한다
③ ?

문법 3

V-기 일쑤이다

성격이 급한 사람은 실수하기 일쑤입니다.

리에 씨는 너무 순진해서 뻔한 거짓말에도 속기 일쑤예요.

요즘 크리스 씨는 매일 게임을 하느라고 늦게 자서 학교에 지각하기 일쑤예요.

가 : 요즘 많이 바쁜가 봐요?

나 : 네. 시험도 있고 과제도 많아서 밤을 새우기 일쑤예요.

연습해 보세요 2

동생은 갖고 싶은 물건을 안 사 주면 자주 운다

가 : 동생에게 어떤 단점이 있어요?

나 : 갖고 싶은 물건을 안 사 주면 울기 일쑤예요.

가 : _____ ?

나 : _____ .

① 크리스 씨는 지각을 자주 해서 선생님께 야단을 맞는다

② 리에 씨는 건망증이 심해서 번번이 물건을 잃어버린다

③ ?

문법 4

V-(으)려다(가) (말다)

전화가 와서 밥을 먹으려다가 말고 전화를 받았어요.

쇼핑하려고 했는데 비가 오는 바람에 나가려다 말았다.

급한 일이 생겨서 친구를 만나려다가 회사에 갔어요.

가 : 어! 스테파니 씨, 유학을 간다더니 이 회사 다녀요?

나 : 네. 집안 사정이 안 좋아져서 유학을 가려다가 취직했거든요.

청바지 대신에 디자인이 마음에 드는 원피스를 샀다

가 : 청바지를 산다더니 원피스를 샀어요?

나 : 디자인이 마음에 들어서 청바지를 사려다가 말고 원피스를 사게
　　되었어요.

가 : _____ ?

나 : _____ .

① 드럼 대신에 소리가 예쁜 가야금을 배웠다

② 데이트 대신에 유기견을 돌볼 수 있는 동물 보호 센터에 가서 자원봉
　사를 했다

③ ?

문법 5

N에(게) 있어서

아이의 성장에 있어서 어머니의 역할이 가장 중요해요.
환경 문제에 있어서 가장 중요한 것은 사람들의 의식과 행동이에요.
나에게 있어서 가장 이루고 싶은 꿈은 바로 기자입니다.

가 : 요리할 때 제일 중요한 게 뭔가요?
나 : 요리에 있어서 제일 중요한 것은 청결입니다.

연습해 보세요 4

삶에서 가장 소중한 것은 건강이다

가 : 삶에서 가장 소중한 것이 뭐예요?

나 : 삶에 있어서 가장 소중한 것은 건강이에요.

가 :   ?

나 :   .

① 여행에서 가장 중요한 것은 같이 가는 사람이다

② 인간관계에서 가장 필요한 것은 상대방을 배려하는 마음이다

③ ?

문법 6

N마저

남아 있는 용돈마저 다 써 버려서 지금 가지고 있는 돈이 없어요.

내가 가장 친하다고 생각했던 친구마저 고향을 떠나 버렸습니다.

환경오염이 심해지면 십 년 뒤에는 공기마저 사야 할지도 몰라요.

가 : 배고파 죽겠는데 먹을 거 없어?

나 : 없어. 어제 마지막으로 남아있던 라면마저 다 먹어 버렸거든.

연습해 보세요 5

> 이번 시험이 나에게 마지막 기회라서 열심히 공부한다
>
> 가 : 왜 이렇게 열심히 공부해요?
>
> 나 : 이번 시험마저 못 보면 고향에 돌아가야 하거든요.
>
> 가 :   ?
>
> 나 :   .

① 이 버스가 오늘의 막차라서 뛰어야 한다

② 이 돈이 남은 생활비의 전부라서 돈을 아껴써야 한다

③ ?

연습해 보세요 6

| N(이)나 되는 것처럼/듯이 | V-고는/곤 하다 | V-기 일쑤이다 |
| V-(으)려다(가) (말다) | N에(게) 있어서 | N마저 |

　　나는 대학교의 청소부로 이십 년째 청소를 하고 있다. 요즘 학생들
은 옛날 학생들과는 다르게 아무 물건이나 쉽게 (버리다)
_____. 심지어 (재벌) _____ 포장도 뜯지 않고
버리는 경우도 종종 있다.

　　수업이 끝난 교실에 청소하러 들어가면 쓰레기와 학생들이 놓고 간
물건들로 가득하다. 치우려고 해도 혹시나 물건을 찾으러 오는 학생이
있지는 않을까 하는 생각 때문에 나도 모르게 (치우다) _____
사무실에 맡겨 (놓다) _____.

　　학생들이 잃어버리고 간 물건들이 주인을 기다리는 마음을 알까?
만약 나라면 잃어버린 물건을 빨리 찾아갈 것 같은데 학생들은 일주일
이 지나도 물건을 찾아가는 일이 거의 없다.

　　그뿐만 아니라 그 물건을 잃어버린 (것) _____ 생각하지 못하는
것 같다. 아마도 (학생들) _____ 잃어버린 물건은 없어도 되는
물건인 듯하다.

본문

● 쓰레기 문제로 곤란했던 적이 있습니까?

리우팅 : 한국은 쓰레기를 버리는 방법이 정말 어려운 것 같아요. 요
즘 툭하면 고시원 아주머니께 잔소리를 듣곤 해요.

김단국 : 잔소리요?

리우팅 : 네. 며칠 전에도 컵라면을 먹다가 국물이 남았는데 통째로 버
리려고 하다가 아주머니께 혼났어요. 아주머니께서 엄마나 되
는 듯이 잔소리를 하시더라고요. 귀에 못이 박힐 뻔했어요.

김단국 : 그래서 어떻게 했어요?

리우팅 : 남은 국물을 버리려다가 말고 모두 마셔 버렸어요. 제 고향
에서는 같이 버려도 괜찮았는데...

김단국 : 한국도 예전에는 쓰레기를 모두 같이 버렸어요. 그런데 쓰레
기가 너무 많아져서 1995년부터 쓰레기 종량제와 분리수거
를 시작했어요.

리우팅 : 그게 뭐예요?

김단국 : 종량제는 쓰레기를 버리는 만큼 돈을 내는 거예요. 예전에
는 쓰레기를 버릴 때 돈이 들지 않으니까 쓸 만한 물건도 그
냥 버리기 일쑤였어요. 그런데 지금은 쓰레기를 버리면 돈이
많이 드니까 쓰레기를 줄이고 있어요. 그리고 분리수거는 환
경을 보호하기 위해서 캔, 병, 플라스틱, 종이 등을 분류해서
버리는 것을 말해요.

리우팅 : 그렇군요. 그럼 환경도 보호하고 쓰레기도 줄어들겠네요. 저도 이제부터 열심히 분리수거를 해야겠어요. 그런데 외국인에게 있어서 쓰레기를 분리수거 하는 것은 정말 어려운 일인 것 같아요. 한국어도 서툰데 분리수거에 대한 단어들마저 알아야 하니 점점 공부할 것이 많아지네요.

1. 리우팅 씨는 고시원 아주머니께 왜 잔소리를 들었습니까?

2. 한국에서 쓰레기를 어떻게 버리고 있습니까?

3. 분리수거의 장점과 단점은 무엇입니까?

듣기

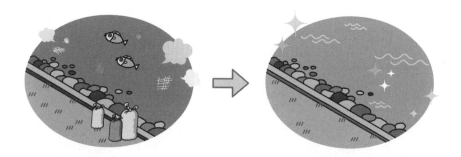

1. 맞으면 O, 틀리면 X 하세요.

　① 도시 사람들 때문에 달래강이 더러워졌다. 　　　　　(　)

　② 달래강 구조대가 활동을 시작한 지 3년이 되었다. 　(　)

　③ 강이 살아나면서 동물들이 다시 살 수 있게 되었다. (　)

2. 달래강 구조대가 하지 않은 일은 무엇입니까?

　① 약을 뿌렸다. 　　　　　② 청소와 분리수거를 했다.

　③ 매일 강가를 둘러봤다. 　④ 경치가 좋다는 소문을 냈다.

3. 달래강의 모습은 어떻게 변화하였습니까?

....

4. 강을 보호하기 위해 어떤 노력을 해야 합니까?

....

....

달래강 Dallae river	충청도 Chungcheong-do

이야기해 보세요

1. 여러분은 방을 정리하거나 청소할 때 어떤 물건을 버립니까?

> 리에 : 애니 씨, 뭐 해요? 청소하고 있어요?
> 애니 : 네. 필요 없는 물건이 많아서 정리를 하려고요.
> 리에 : 필요 없는 물건도 있어요?
> 애니 : 네. 책상 위에 있는 이면지, 침대 위에 있는 큰 곰 인형, 먹다 남은
> 레몬도 버리려고요.
> 리에 : 왜요? 아직 쓸 만한 물건인 것 같은데요. 책상 위의 종이는...

2. 여러분은 오늘 어떤 물건을 버렸습니까? 이유는 무엇입니까?

	애니		
버린 물건	종이, 곰 인형, 레몬		
이유	종이→이면지는 쓰기 싫다 곰 인형→먼지가 너무 많다 레몬→싱싱하지 않다		

3. 친구의 물건을 버리지 않을 수 있는 방법은 무엇입니까? 쓰레기 문제를 해결하는 방법을 써 보세요.

애니 씨가 청소를 하면서 책상 위에 있는 종이와 큰 곰 인형, 먹다 남은 레몬도 버리겠다고 했다. 내가 보기에는 책상 위의 종이나 커다란 곰 인형 모두 아직은 쓸 만한 물건인 것 같았다.
책상 위의 이면지는 연습장으로 쓸 수 있다. 커다란 곰 인형은 먼지가 많이 있지만 깨끗하게 빨아서 고아원에 보내면 아이들이 가지고 놀 수 있다. 또 레몬은 얇게 잘라서 냉장고에 넣으면 냄새를 없앨 수 있으니까 재활용을 할 수 있다.

읽기

어느 날 눈을 떠 보니 파란 하늘이 손에 닿을 것 같은 높은 산, 푸른 나무들이 가득한 어느 숲속이었습니다. 깨끗한 공기와 시원한 바람, 작은 동물들이 나를 반겨주었습니다. 오랜만에 만난 친구들과 인사를 나눌 시간도 없이 나는 어디론가 떠내려가고 있었습니다. 또 다른 친구들이 나를 기다리고 있으니 괜찮습니다. 그런데 이상합니다. 왜 친구들이 저에게 다가오지 않는 걸까요? 다가오려다가 말고 저 멀리 푸른 숲으로 숨어 버립니다. 키 큰 나무의 그림자 사이로 파란 하늘은 사라지고 커다란 바위와 폭포를 지나자 사람들의 목소리가 들려옵니다. 무엇인지 알 수 없는 기계의 소리도 들립니다. 그렇게 가득하던 나무들은 모두 어디로 사라진 걸까요? 이 산이 끝나려면 아직도 멀었는데 키 작은 나무들마저 사라져 버렸다는 것을 알게 되었습니다. 여행을 할 때마다 친구들이 어디론가 사라지곤 했는데 이번 여행에서도 전에 만났던 친구들은 만날 수 없었습니다. 친구들이 사라진 자리에는 아파트와 공장 등 처음 보는 건물이 세워졌습니다. 전에는 분명히 새들이 많이 살았던 강가에도 쓰레기가 주인이나 되는 것처럼 가득할 뿐, 친구들의 모습은 볼 수 없었습니다.

어디서든 잠깐 쉬고 싶었지만 내가 쉴 만한 곳은 없었습니다. 도시가 가까워지면서 깨끗했던 공기도, 시원한 바람도 사라졌다는 것을 알게 되었습니다. 나는 도시를 지날 때마다 공장에서 나오는 폐수와 사람들이 던지는 쓰레기 때문에 다치기 일쑤였습니다. 이번 여행에서도 마찬가지였습니다.

이제 긴 여행의 끝이 보입니다. 저기 보이는 배들을 지나 먼 바다까지만 가면 됩니다. 나는 다시 구름 위를 날고 싶었습니다. 하지만 이번 여행이 제 마지막 여행인가 봅니다. 어느 배에서 흘러나온 기름 때문에 먼 바다로 나가는 길이 막혔습니다. 무거워진 나는 이제 하늘 위를 날 수 없습니다. 다시는 숲속의 친구들을 만날 수 없겠지요.

사람들은 알까요? 자신들이 쓰려다가 버린, 가지려다가 말았던 내가 얼마나 오랫동안 자신들과 함께 지냈는지 알까요? 이제는 그럴 수 없다는 것을 알까요? 얼마나 오랜 시간이 지나면 나는 다시 하늘을 날 수 있을까요?

1. 변하기 전과 변한 후의 모습을 그려봅시다.

변하기 전	변한 후

2. 사라진 친구들은 무엇입니까? 이유는 무엇입니까?

....

....

....

3. 나는 누구입니까? 앞으로 어떻게 될까요?

....

....

....

닿다 reach	숲속 inside the forest
어디론가 somewhere	떠내려가다 wash out
그림자 shadow	강가 the riverside
기계 machine	

쓰기

● 사람들이 버린 쓰레기로 뒤덮인 지구에서 각 나라의 대통령이 모여 회의를 합니다. 여러분이 각 나라의 대표라면 이 문제를 어떻게 해결하겠습니까?

1. 쓰레기 문제에 대한 여러분의 생각을 이야기해 보세요.

쓰레기 때문에 생긴 환경 문제	
환경 문제를 해결하는 방법	

2. 여러분이 이야기한 방법을 국민들이 잘 지키게 하려면 어떻게 해야 합니까?
   계획을 이야기해 보세요.

3. 위의 회의 내용에 대해 사람들에게 알리는 글을 써 보세요.

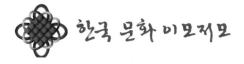

미세 먼지가 이렇게 무서운 건 줄 몰랐어요.

한국은 산이 많고 좋은 자연환경을 가지고 있어서 물이 맑고 공기가 깨끗한 나라였다. 한국의 물은 석회질도 없고 맑고 깨끗해서 산속의 물은 물론이고, 수돗물도 끓이지 않고 마셔도 안심할 수 있었다. 또 공기가 맑아서 사계절 내내 높고 푸른 하늘을 볼 수 있었다.

하지만 세월이 흐르면서 환경오염으로 공기나 물이 점점 나빠지고 있다. 한국의 좋았던공기는 산업화와 더불어 조금씩 나빠지기 시작했는데 몇 년 전부터 미세 먼지와 황사로 인해서 맑은 하늘을 볼 수 없는 날이 많아졌다.

먼지 중에서 입자자 작은 것을 '미세 먼지'라고 하고, 더 입자가 작은 것을 '초미세 먼지'라고 한다. 이들 미세 먼지는 주로 석탄, 석유, 자동차의 매연으로 주로 발생한다. '미세 먼지'의 크기는 머리카락의 지름의 1/5밖에 안 되고, '초미세 먼지'는 머리카락 지름의 1/20밖에 안 되는 아주 작은 크기이므로 눈에는 보이지 않는다. 일반 먼지는 코털이나 기관지 점막 등으로 먼지가 걸러지지만, 미세 먼지는 공기 중에 머물러 있다가 사람의 호흡기를 통해서 폐나 혈관으로 침투해서 암이나 폐질환을 일으키므로 조심해야 한다. 세계보건기구(WHO)가 '1급 발암물질'로 지정했을 만큼 위험한데 눈에 보이지 않는다는 이유로 아직도 사람들이 심각하게 받아들이지 않는다.

미세 먼지 농도가 심한 날은 노약자나 호흡기질환자는 외출을 자제해야 하는 것이 좋다. 부득이 외출하게 되면 반드시 미세 먼지를 차단할 수 있는 마스크를 착용해야 한다. 마스크를 착용하면 안경에 김이 서리기도 하고, 고무줄 때문에 귀가 아프기도 하고 답답해서 많은 사람이 불편하다는 이유로 마스크를 착용하는 것을 싫어한다.

미세 먼지는 피부 노화의 주범이기도 하다. 피부에 들어간 미세 먼지는 여드름이나 피부염, 주름의 원인이 되므로 외출 후에는 반드시 몸에 붙어있는

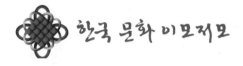

한국 문화 이모저모

미세 먼지를 깨끗하게 씻어야 한다. 또 미세 먼지 농도가 심한 날은 창문을 열지 않아야 하고, 공기 정화를 위해서 집안에서 산세베리아, 테이블 야자, 인도고무나무 등의 공기 정화 식물을 키우는 것도 좋은 방법이다.

한국 사람들은 먼지를 많이 마신 날 삼겹살을 먹으면 삼겹살 기름에 먼지가 씻겨 내려간다고 해서 삼겹살을 먹는 민간 풍습이 있는데, 오히려 지방이 많은 음식이 몸에 미세 먼지를 축적한다고 하니, 삼겹살 보다는 물을 자주 마시는 것이 건강에 좋다. 또 비타민이 풍부한 과일이나 미역 등 해조류, 마늘, 생강, 배 등도 미세 먼지를 극복하는 데 도움이 된다.

한국은 물론 전 세계에서 미세 먼지를 퇴치하려는 노력은 계속되고 있지만, 쉽게 개선되지는 않고 있다. 미세 먼지가 없고 공기가 좋은 나라들은 스위스, 스웨덴, 노르웨이, 뉴질랜드 등 모두 자연 친화적인 나라들이다. 우리도 자연과 더불어 사는 나라들처럼 자연을 사랑하고 가꾼다면, 지구도 우리에게 좋은 공기를 선물로 주지 않을까?

04

건강하게 사는 방법을 알려 드릴게요

▪ 학습목표 : 설문조사 결과에 대해 이야기할 수 있다.
▪ 기   능 : 분석하기, 보고하기
▪ 문   법 : A/V-(으)ㄹ 리가 없다, A-다 A-다, V-ㄴ/는다 V-ㄴ/는다, A/V-더라도, V-고 보니(까), V-(으)니는
           김에, N을/를 대상으로 조사하다, N에 의하면, N(으)로 나타나다

건강하게 사는 방법에 대해 이야기해 보세요.

여러분은 건강을 위해 무엇을 하고 있나요?

여러분이 좋아하는 음식은 건강과 어떤 관계가 있을까요?

건강하게 사는 것은 어떻게 사는 것이라고 생각하나요?

어휘와 표현

명사

건강과 질병
보약 restorative herb medicine
통증 pain
식중독 food poisoning
허기 hunger
기온 temperature
유기농 organic farming
혈액형 blood type
보건소 health center
영양 nutrition
연구소 laboratory

기타
구두쇠 miser
종이학 folded-paper crane
선호도 preference
재단 foundation
미만 under
성장기 period of growth
포만감 satiety
문고 book store
반대 the opposite
방향 direction
의견 opinion
과소비 excessive consumption
순위 ranking
대다수 the most part

본지 this newspaper
입장 position
주중 weekdays
국립 national
캠프 camp
실내 interior
구체적 detailed

동사

머뭇거리다 hesitate
경고하다 warn
조사하다 investigate
달하다 reach
방해되다 interrupt
제안하다 suggest
선호하다 prefer
대하다 deal by
추천하다 recommendation
게을리하다 neglect

형용사

밀접하다 intimate
풍부하다 abound in/abundant
가렵다 itchy
불과하다 just
분명하다 be for sure
충분하다 sufficient

부사

함부로 thoughtlessly
오히려 rather

표현

권장 도서 encouragement book
아울렛 매장 outlet store
웰빙족 Well being family
유산소 운동 aerobic exercise

세탁기를 돌리다 run the washing machine
동상에 걸리다 suffer from frostbite
봉사 활동 vdunteer work
설문 조사 question inverstingation
평균 수명 average life expectancy
면역력을 높이다 raise immunity
수면을 취하다 take sleep
관계가 있다 have some connection with

더 배워 봅시다.

눈이 높다 : 조건이 까다롭다
뜸을 들이다 : 말이나 행동을 바로 하지 않고 머뭇거린다
티끌 모아 태산 : 먼지처럼 작은 것이라도 계속해서 모으면 산처럼 커진다

예) 마리오 : 리에 씨, 이거 선물이에요.
　　리　에 : 웬 선물이에요?
　　마리오 : 리에 씨를 생각하면서 접은 종이학이에요. 한 번에 많이 접을 수 없었지만 **티끌 모아 태산**이라고 매일 매일 접어서 천 마리가 되었어요.
　　리　에 : 고마워요.
　　마리오 : 리에 씨, 저... 음...
　　리　에 : 왜 그래요? 무슨 말을 하려고 이렇게 **뜸을 들여요**?
　　마리오 : 리에 씨가 **눈이 높다**는 말을 듣기는 했지만 저는 리에 씨를 좋아해요. 제 마음을 받아 주세요.
　　리　에 : ...

문법 1

A/V-(으)ㄹ 리가 없다

오늘 날씨가 이렇게 좋은데 비가 올 리가 없어요.
애니 씨가 1등을 했을 리가 없어요. 매일 저랑 놀러 다녔는데...
강남에 사람이 없을 리가 없어요. 주말이잖아요.

가 : 크리스 씨가 자전거를 타다가 넘어져서 다쳤대요.
나 : 그럴 리가 없어요. 크리스 씨가 자전거를 얼마나 잘 타는데요.

▷ N일 리가 없다
리에 씨의 동생이 가수일 리가 없어요.
헤어지자는 말이 진심일 리가 없지.

연습해 보세요 1

방학이라 학생 식당에 사람들이 없을 것이 분명하다
가 : 요즘 학생 식당에 사람들이 많다면서요?
나 : 학생 식당에 사람들이 많을 리가 없어요. 방학이잖아요.

가 : _____ ?

나 : _____ .

① 크리스 씨는 구두쇠라서 한턱내지 않을 것이 분명하다
② 리에 씨는 배운 문법을 자주 잊어버려서 시험을 못 볼 것이 분명하다
③ ?

문법 2

A-다 A-다, V-ㄴ/는다 V-ㄴ/는다

건강을 위해 유기농 음식을 먹는다 요가를 배운다 말들이 많아요.
예뻐지기 위해서 화장을 해야 한다 다이어트를 해야 한다 사람들의 의
견이 다양해요.
리에 씨가 예쁘다 스테파니 씨가 예쁘다 말들이 많지만 제 생각에는
애니 씨가 최고예요.

가 : 요즘 날씨가 좋아서 모두 산에 간다 바다에 간다 하는데 우리도 갈
까요?
나 : 좋아요. 어디에 가고 싶어요?

▷ N(이)다 N(이)다
지난 학기에는 문화제다 동아리 활동이다 정신없이 바쁘게 지냈어요.
우리는 너무 배가 고파서 피자다 스파게티다 샐러드다 많은 음식을 먹
었어요.

문법 3

A/V-더라도

이번 모임은 바쁘더라도 꼭 참석해 주시기 바랍니다.
우리가 헤어지더라도 추억은 잊지 마세요.
저 자동차가 아무리 비싸더라도 꼭 사고 말겠어요.

가 : 내일은 무슨 일이 있더라도 꼭 한라산에 가겠어요.

나 : 왜요?

가 : 제주도에 올 때마다 사정이 생겨서 못 갔거든요.

▷ N(이)더라도

아무리 어른이더라도 아이들을 함부로 대하면 안 돼요.

건강에 좋은 요가더라도 너무 심하게 하면 오히려 건강에 나빠요.

연습해 보세요 2

여행 계획에 의견이 많지만 오늘까지 결정해야 한다

가 : 여러분, 여행 계획이 있어요?

나 : 친구들이 제주도에 간다 부산에 간다 말들이 많아요.

가 : 의견이 많더라도 오늘까지 결정해야 해요.

가 : _____?

나 : _____.

가 : _____.

① 다이어트 방법에 생각이 많지만 꾸준히 해야 한다

② 절약하는 방법에 대한 의견이 많지만 과소비를 하지 말아야 한다

③ ?

문법 4

V-고 보니(까)

한국에 와서 친구를 사귀고 보니 고향이 같았어요.
리에 씨의 혈액형이 AB형인줄 알았는데 알고 보니까 O형이더라고요.
목이 말라서 식탁에 있던 물을 마시고 보니 물이 아니고 술이었어요.

가 : 왜 이렇게 늦었어요? 아까 지하철을 탔다고 했잖아요.
나 : 미안해요. 지하철이 와서 탔는데 타고 보니까 반대 방향으로 가는
　　지하철이었어요.

문법 5

V-(으)ㄴ/는 김에

방 청소를 하는 김에 화장실이랑 부엌 청소도 다 했어요.
친구를 만나러 간 김에 도서관에 들러서 책도 빌려왔어요.
불고기를 만드는 김에 불고기 김밥도 만들어 봤어요.

가 : 왜 이제 들어와요? 벌써 한 시간이나 지났는데...
나 : 우체국에 갔는데 필요한 물건이 생각나서 나간 김에 마트까지 갔
　　다 왔거든요.

연습해 보세요 3

음식 준비를 다 했는데 음료수가 없다

가 : 음식 준비를 하고 보니까 음료수가 없어요.

나 : 그래요? 그러면 제가 쓰레기를 버리러 나가는 김에 사 올게요.

가 :   .

나 :   .

① 아울렛 매장에서 옷을 샀는데 별로 마음에 들지 않는다

② 세탁기를 돌렸는데 빨아야 할 셔츠가 또 있다

③ ?

문법 6

N을/를 대상으로 조사하다,　N에 의하면,　N(으)로 나타나다

가고 싶은 여행지

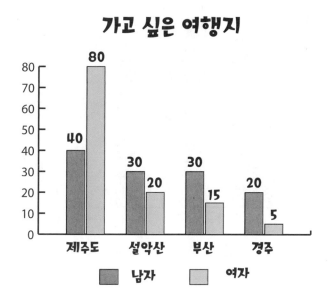

DK연구소에서 단국대학교에 다니는 남녀 외국인 유학생 각각 120명을 대상으로 한국에서 가장 가고 싶은 여행지에 대해서 조사하였다. 조사에 의하면 남학생의 경우 제주도가 40명으로 가장 많았으며 다음으로 설악산과 부산이 각각 30명으로 같았다. 마지막으로 경주는 20명으로 가장 적었다. 여학생도 남학생과 가고 싶은 여행지의 순위가 비슷하게 나타났다. 먼저 제주도가 80명으로 가장 많았으며 설악산 20명, 부산 15명 순으로 나타났다. 마지막으로 경주는 5명에 불과했다. 조사 결과 남학생은 가고 싶은 여행지의 선호도가 비슷한 반면에 여학생은 대다수가 제주도를 선호하는 것으로 나타났다.

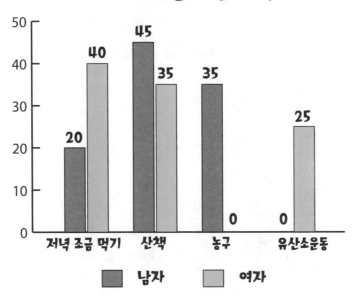

다이어트를 위한 노력

단국대학교 보건소에서는 단국대학교에 다니고 있는 남학생, 여학생 각각 100명, (총 200명) _____ '건강하게 살기 위해서 하고 있는 것'에 대해(조사하다) _____. (조사 결과) _____ 학생들은 건강하게 살기 위해 여러 가지 노력을 하는 것으로 나타났다. 여학생들이 가장 많이 하는 방법은 (저녁 조금 먹기, 산책, 유산소 운동) _____ 남학생의 경우는 (산책, 농구, 저녁 조금 먹기) _____ 이를 통해 남학생과 여학생의 방법이 다르지만 대부분의 학생들은 건강하게 살기 위해 다양한 노력을 하고 있다는 것을 알 수 있었다.

연습해 보세요 5

A/V-(으)ㄹ 리가 없다	A-다 A-다, V-ㄴ/는다 V-ㄴ/는다
A/V-더라도	V-고 보니(까)	V-(으)ㄴ/는 김에
N을/를 대상으로 조사하다	N에 의하면	N(으)로 나타나다

여러분은 한 달에 책을 몇 권이나 읽으십니까?

DK문고에서는 (대학생 200명) _____ 한 달에 책을 몇 권이나 읽는지 _____ (조사 과) 결 _____ 대학생들은 평소에 책을 거의 읽지 않는 것으로 나타났습니다. 남학생은 한 달에 읽는 책이 (0권 55%, 1권 30%, 2권 15%) _____ 여학생은 (0권 50%, 1권 30%, 2권 20%) _____

어느 대학교에서는 권장 도서를 추천하기도 했지만 효과가 없었다고 합니다. 이에 대해 본지에서는 대학생들을 대상으로 인터뷰를 실시하였습니다.

인터뷰를 하기 전에는 그렇게 조금 (읽다) _____ 고 생각했습니다. 그러나 인터뷰를 (하다) _____ 학생들의 입장을 이해할 수 있었습니다.

(수업을 하다, 아르바이트를 하다, 봉사 활동을 하다) _____ 정말 바쁘게 생활하고 있기 때문에 책을 읽을 시간이 없었던 것입니다.

그러나 아무리 (바쁘다) _____ 독서를 게을리하면 안 됩니다.

오늘 친구를 만날 약속이 있습니까? 친구를 만나러 (나가다) _____ 서점에 들러 책을 한 권 읽어 보는 것은 어떨까요?

본문

● 건강에 좋은 음식은 무엇일까요?

애 니 : 여러분, 안녕하십니까? '오늘의 건강식'의 아나운서 애니입니다. 오늘은 '슈퍼 푸드(super food)'에 대해 알아보겠습니다. '슈퍼 푸드'는 영양이 풍부하고 면역력을 높여 주는 음식을 말합니다. 김단국 박사님을 모시고 자세한 이야기를 들어보도록 하겠습니다. 안녕하세요?

김단국 : 네. 안녕하세요. 김단국입니다.
오늘은 건강에 좋은 '슈퍼 푸드'에 대해 알려 드리겠습니다.
'세계 10대 슈퍼 푸드'라고 알려진 음식은 '녹차, 귀리, 브로콜리, 마늘, 포도주, 블루베리, 견과류, 시금치, 연어, 토마토'입니다.

애 니 : 보통 우리가 일상생활에서 쉽게 볼 수 있는 음식들이네요!

김단국 : 그렇습니다. '슈퍼 푸드'라고 해서 특별한 음식이 아닙니다. 어떤 사람들은 구하기 어렵고 비싼 음식들이 건강에 좋다고 생각하지만 그것은 잘못된 생각입니다.

애 니 : 그렇군요! 그렇다면 이런 음식들이 어떤 효과가 있는지 자세히 설명해 주시지요.

김단국 : '슈퍼 푸드'에는 비타민이 많이 포함되어 있습니다. 브로콜리나 블루베리에는 비타민C, 연어에는 비타민E, 귀리에는 비타민B가 많이 들어 있습니다. 그리고 견과류는 포만감을 주기 때문에 다이어트에 도움이 되지요. 또한 시금치와 귀리는 피부 질환에 도움을 줍니다. 마늘은 냄새 때문에 꺼리시는 분들도 있지만 소화를 돕고 식중독을 예방하는 효과가 있으니 적당하게 드시면 좋습니다.

애 니 : 여러분. 잘 들으셨지요? 오늘 박사님의 말씀을 들으신 김에 마트에 가셔서 '슈퍼 푸드'를 만나 보시는 건 어떨까요? 김 박사님, 오늘 말씀 감사합니다.

1. '슈퍼 푸드'에는 무슨 음식들이 있습니까?

2. '슈퍼 푸드'는 어떤 효과가 있습니까?

3. 여러분이 생각하는 '슈퍼 푸드'는 어떤 음식입니까?

건강식 healthy food		슈퍼 푸드 superfood	
귀리 oats		포도주 wine	
블루베리 blueberry		견과류 nut products	
연어 salmon		질환 disease	
꺼리다 reluctant			

듣기

1. 맞으면 O, 틀리면 X 하세요.

　① 스키니 진을 입으면 자세가 나빠진다.　　　　　　　　　(　)

　② 하이힐이나 부츠 등 높은 구두를 신으면 동상에 걸린다.　(　)

　③ 20대 여성들은 한겨울에도 몸매가 드러나는 옷을 선호한다.

　　　　　　　　　　　　　　　　　　　　　　　　　　　　(　)

2. 옷차림 때문에 생길 수 있는 문제점에 v 표시하세요.

　☐ 날씬해진다　　　　　☐ 동상에 걸린다

　☐ 자세가 나빠진다　　　☐ 무릎 통증이 생긴다

　☐ 감기에 걸린다　　　　☐ 발 건강에 나쁘다

　☐ 가슴이 답답하다　　　☐ 혈액 순환이 안 된다

3. 겨울철에 유행하는 옷차림에 대해 이야기해 봅시다.

4. 옷을 입을 때에 지켜야 할 것이 무엇인지 이야기해 봅시다.

옷차림 attire	적신호 red light
취재하다 gather	영하 below zero
여성 female	스키니 진 skinny jean
겨냥하다 aim	혈액 순환 the circulation of the blood
허벅지 thigh	증상 symptom
부츠 boots	자세 posture

이야기해 보세요

최지영 : 리우팅 씨, 건강을 지키기 위해 특별히 하고 있는 운동이
있어요?
리우팅 : 없을 리가 없지요. 저는 퇴근 후에 음악을 들으면서 한 시
간씩 자전거를 타요.
최지영 : 건강에 좋은 음식도 자주 먹나요?
리우팅 : 그럼요. 부모님께서 건강에 좋은 귀리다 브로콜리다 다양
한 슈퍼 푸드로 요리를 만들어 주세요.
최지영 : 그렇군요! 그럼 건강을 지키기 위해 하지 않는 일이 있어요?
리우팅 : 저는 담배를 피우지 않고 술은 한 달에 한 번만 마셔요.
최지영 씨는요?
최지영 : 저는 …

2. 친구들과 함께 건강하게 살기 위한 방법에 대해 이야기해 보세요.

방법＼친구 이름	리우팅		
운동	한 시간 자전거		
음식	슈퍼 푸드로 만든 요리		
하지 않는 일	담배 : ×, 술 : 한 달에 한 번		

3. 여러분은 건강하게 살기 위해 어떤 노력을 하고 있나요?

읽기

● 여러분은 하루에 몇 시간이나 잠을 자고 있습니까?

밤을 새워 시험 공부를 했지만 시험 성적을 보니 점수가 안 좋았던 기억은 누구에게나 있을 것이다. 바쁜 일이 있거나 시험이 있을 때 제일 먼저 줄이게 되는 것이 잠자는 시간이다. 2017년 DK연구소에서는 중고등학생 1,000명을 대상으로 청소년들의 수면 시간에 대한 설문 조사를 했다. 조사에 의하면 한국 학생들의 주중 평균 수면 시간은 고등학생 5.7시간, 중학생 7.3시간으로 미국 국립 수면 재단이 제안한 8.5~9.25시간에 비해 많이 부족한 것으로 나타났다. 게다가 주중 수면 시간이 5시간 미만인 고등학생은 27.2%에 달했다. 반면에 8시간 이상 충분히 잔다는 학생은 2.3%에 불과했다.

이렇게 잠을 조금만 자도 우리 몸에는 아무 문제가 없을까? 인간은 일생의 약 1/3을 잠을 자면서 보내게 되는데 잠자는 시간은 낮 동안 쌓였던 몸의 피로를 풀고 휴식하는 시간이다. 잠을 자는 동안 우리의 뇌는 낮에 새롭게 배운 지식을 장기 기억으로 저장한다. 따라서 열심히 공부를 하더라도 충분한 수면을 취하지 않으면 학습 효과가 좋을 리가 없다. 그리고 수면 시간이 부족하면 우리의 몸이 제대로 움직일 수 없다. 또한 성장기에 잠이 부족하면 성장에 방해가 될 수도 있다.

수면 시간이 부족할 때 생기는 문제점은 이 밖에도 여러 가지가 있다. 잠이 부족하면 허기를 많이 느끼게 돼서 더 많이 먹게 되고 이것이 비만으로 이어진다. 심장도 쉴 시간이 부족하기 때문에 심장병에 걸릴 확률도 높아진다고 한다. 따라서 적절한 수면 시간으로 건강을 유지하는 것이 중요하다. 옛말에 '잠이 보약'이라는 말이 있다. 사람들은 건강을 위해 운동을 한다 보약을 먹는다 많은 노력을 하지만 사실 잠만 잘 자도 몸과 마음이 건강해질 수 있고 학습 능력도 높아진다는 것을 잊으면 안 된다.

뇌 brain	장기 기억 long-term momory
심장병 heart disease	학습 능력 learning a bility
확률 probability	

1. 한국의 청소년들의 수면 시간에 대한 내용으로 맞는 것을 고르세요.

　① 잠을 자는 시간은 건강과 관계가 없다.

　② 고등학생의 평균 수면 시간은 부족하다.

　③ 잠을 많이 자면 기억이 사라지기 때문에 많이 자면 안 된다.

　④ 한국의 고등학생은 미국 국립 수면 재단에서 제시한 시간보다 많이 잔다.

2. 수면 부족 때문에 생기는 문제점은 무엇입니까?

3. 여러분은 하루에 몇 시간 잡니까? 자신의 수면 시간이 적당하다고 생각합니까?

쓰기

- 'DK 건강한 생활 체험 캠프' 기획 회의에 오신 것을 환영합니다. 이 캠프는 웰빙족을 겨냥한 1박 2일간의 체험 프로그램입니다. 평범한 여름휴가를 대신할 수 있는 DK 여행사만의 특별한 여행이 될 수 있도록 여러분의 의견을 이야기해 주시기 바랍니다.

1. 캠프에 대한 구체적인 계획을 써 보세요.

캠프 진행 장소	
캠프 참가자	
캠프 계획	첫째 날
	둘째 날

2. 여러분이 계획한 캠프의 장점은 무엇입니까?

3. 여러분이 계획한 캠프에 사람들을 모집하기 위해 캠프의 내용을 소개하는 글을 써 보세요.

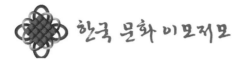 한국 문화 이모저모

홍삼은 만병통치약이에요?

　누구나 스트레스 없이 건강하고 행복하게 살기를 원한다. 그래서 한때 '웰빙'이란 단어는 우리생활에서 필수 아이템이었다. '웰빙 식단', '웰빙 다이어트', '웰빙 걷기', '웰빙 센터' 등등. 그만큼 한국 사람들은 건강을 중요하게 생각한다는 의미일 것이다.

　한국 사람들은 건강을 지키기 위해서 매일 간단한 운동을 하고, 조미료 없는 건강한 음식을 먹으려고 노력하는 것은 기본이고, 많은 사람이 자신의 기호에 맞는 비타민이나 홍삼, 마늘즙, 로얄제리, 프로폴리스 등 건강 보조 식품을 매일 먹기도 한다.

　건강 보조 식품 중에서 한국 사람이 제일 많이 먹는 것은 홍삼이다. 한국은 고려 시대부터 인삼의 효능이 다른 나라보다 좋아서 세계 여러 나라로 인삼을 수출하였다. 그래서 지금도 한국의 인삼은 '고려 시대'의 인삼을 뜻하는 '고려 인삼(高麗 人參)'으로 불린다. '홍삼'은 6년근 인삼을 오랜 시간 동안 쪄서 말린 것이다. 한국의 홍삼은 먹기 좋게 가공되어서 간편하게 먹을 수 있는 홍삼환, 홍삼 절편, 홍삼 농축액, 홍삼 분말, 홍삼 젤리, 홍삼 뿌리 등 여러 가지 형태로 만들어져 있다. 또 영화나 드라마에서 인기 연예인이 간편하게 포장된 홍삼을 마시는 장면을 쉽게 볼 수 있는데, 그만큼 홍삼은 한국 사람들에게 아주 친근한 건강 보조 식품이다.

　한국 사람들이 외국 사람에게 선물해야 할 경우가 생겼을 때도 홍삼을 가장 먼저 떠올린다. 아마 홍삼이 한국을 대표하는 상징적인 물건 중의 하나라고 생각하기 때문일 것이다. 그래서인지 한국에 오래 산 외국인들은 한국 사람처럼 홍삼을 잘 먹기도 하고, 홍삼을 예찬하는 사람도 꽤 많다.

중국에서는 어린이에게 인삼이나 홍삼을 잘 먹이지 않지만, 한국에서는 감기 예방이나 잔병치레 예방에 좋다고 해서 '어린이용 홍삼'을 많이 먹인다. 또 기억력과 집중력에 도움이 된다고 하여서 청소년이나 수험생들은 휴대용 홍삼을 많이 먹는다. 또 홍삼이 체지방을 분해해 주는 기능이 있어서 다이어트를 하는 여성들도 많이 먹고 있다. 그 뿐만 아니라 항암 효과가 있다고 해서 항암 치료를 받는 환자들도 홍삼을 먹는다. 미세 먼지와 황사로 인한 호흡기 질환에도 효과적이라고 하니 그야말로 전 국민이 모두 홍삼을 먹어야 하는 이유가 있는 셈이다.

홍삼이 많은 약효를 가지고 있는 것은 사실이지만, 분명 만병통치약은 아니다. 자신과 체질에 맞아야 하고, 다른 약을 복용하는 환자라면 의사와 상의한 후 먹어야 한다. 어쨌든 홍삼은 한국에서 오랜 시간 사랑을 받아왔고, 앞으로도 사랑을 받을 건강 보조식품임에는 틀림이 없다.

한국 사람처럼 시험이 다가올 때 집중력 강화를 위해서 홍삼 진액 한 포를 먹으면서 공부하면 집중력이 향상되어서 좋은 성적을 받을 수 있을까? 그 효과가 궁금하다면 이번 시험에는 홍삼을 먹으면서 공부해보면 어떨까?

05

저는 넓은 정원이 있는 2층집에서 살았으면 해요

▪ 학습목표 : 내가 살고 싶은 집의 모습과 조건에 대해 설명할 수 있다.
　　　　　　아파트와 주택의 장점과 단점을 이야기할 수 있다.
▪ 기　　능 : 비교하기, 설명하기
▪ 문　　법 : A/V-았/었으면 (하다), V-(으)려야 V-(으)ㄹ 수(가) 없다, V-(으)니/는다는 것이/게, V-고도, N(이)란, N(으)로 여기다/보다/느끼다/생각하다

여러분이 살고 싶은 집에 대해 이야기해 보세요.

여러분은 어떤 집에 살고 있나요?
미래에는 어떤 집이 생길까요?
집을 짓는다면 어떤 집을 짓고 싶은가요?

어휘와 표현

명사

생활 공간
사생활 privacy
겉모양 appearance
창고 warehouse
다락방 attic
원통형 cylindrical

기타
애완동물 a pet
바비큐 barbecue
대청소 big cleanup
유명세 a penalty of popularity
지붕 roof
복권 lottery
지하도 underpass
나뭇가지 a bough
천 fabric
막내 the youngest

동사

문제 해결
선택하다 select
토론하다 discussion
당첨되다 win

이끌다 lead
전하다 tell

건축
건설하다 build
씌우다 cover
분해하다 disassemble

기타
뛰어놀다 romp around
넘기다 pass the time

형용사

고유하다 inherent
거대하다 huge
생생하다 vivid
옳다 right
둥글다 round
깊다 deep

부사

어쨌든 at any rate
도저히 can't possibly
높이 height
제발 please

실내장식 interior design
개선점 improvement point
이동식 movable
수상 가옥 house built on stilts over
　　　　the water

내부 구조 the inside structure
안내 방송 announcement
기둥을 세우다 build columns
피로가 쌓이다 become more and
　　　　more fatigued

더 배워 봅시다.

손이 크다 : 돈이나 물건을 아끼지 않고 넉넉하게 쓴다
손을 보다 : ① 물건을 고친다 ② 사람을 혼낸다
보기 좋은 떡이 먹기도 좋다 : 겉모양이 좋으면 내용도 좋아 보인다

예) 아내 : 여보, 봄도 되었으니까 우리 오늘은 대청소를 할까요?
　　남편 : 청소? 나는 요즘 좀 피곤해서 쉬고 싶은데...
　　아내 : 시간이 얼마나 걸린다고 그래요. 청소부터 하고 쉬어요. 내가
　　　　　점심 준비하는 동안 세탁기도 손을 좀 봐 주고요.

(두 시간 후)

　　남편 : 여보, 집에 누가 와요? 이게 다 뭐예요?
　　아내 : 누가 오기는요. 오늘 쉬지도 못하고 고생한 당신을 위한 선물
　　　　　이에요.
　　　　　보기 좋은 떡이 먹기도 좋다고 신경 좀 썼어요.
　　남편 : 그래도 이건 너무 많은 것 같은데 당신은 손이 커서 걱정이
　　　　　에요.

문법 1

A/V-았/었으면 (하다)

올해는 좋은 일만 있었으면 합니다.
십 년이 지난 후에도 지금 선택한 일을 후회하지 않았으면 …
며칠 동안 아파서 집에만 있었어요. 이번 주말에는 가까운 데라도 나갔
으면 해요.

가 : 어떤 집에 살고 싶어요?
나 : 저는 마당이 있는 단독 주택에 살았으면 해요. 애완동물도 키우고
　　바비큐 파티도 하면 좋을 것 같아요.

▷ N이었/였으면 (하다)
매일 밤을 새워서 공부했는데 이번에는 제발 합격이었으면...
그 드라마에 나오는 주인공이 제 남자 친구였으면 했어요.

문법 2

V-(으)려야 V-(으)ㄹ 수(가) 없다

마리오 씨는 하도 거짓말을 잘 해서 믿으려야 믿을 수가 없어요.
아무리 먹으려고 해도 너무 매워서 먹으려야 먹을 수 없어요.
다리가 아파서 빨리 가려야 갈 수 없으니까 조금만 더 기다려 주세요.

가 : 연극 표가 있는데 이번 주말에 같이 갈래요?
나 : 저도 같이 가고 싶은데 부모님께서 한국에 오셔서 시간을 내려야
　　낼 수 없어요.

연습해 보세요 1

> 막내 동생이 있으면 신경쓸 일이 많다
>
> 가 : 막내 동생이 있었으면 해요.
> 나 : 왜요? 막내 동생이 있으면 신경쓸 일이 많아서 쉬려야 쉴 수가
>   없어요.
>
> 가 : _____ .
> 나 : _____ .

① 복권에 당첨되면 주변 사람들에게 연락이 온다
② 연예인이 되면 유명세가 따른다
③ ?

문법 3

V-(으)ㄴ/는다는 것이/게

남자 친구에게 전화를 한다는 것이 아버지께 잘못 걸었어요.
커피를 타면서 뜨거운 물을 넣는다는 것이 차가운 물을 넣었어요.
친구랑 차 한잔 마시고 들어온다는 게 세 시간이나 지났더라고요.

가 : 책을 산다는 게 깜빡 잊고 또 그냥 왔어!
나 : 걱정하지마. 내일 서점에 가는 김에 사다 줄게.

연습해 보세요 2

요거트를 한 개만 사려고 했는데 '2+1'이라서 세 개나 샀다

가 : 요거트를 세 개나 샀어요?
나 : 한 개만 산다는 것이 '2+1'이라서 더 사게 되었어요.

가 :   .
나 :   .

① 게임을 한 시간만 할 생각이었는데 재미있어서 다섯 시간이나 했다
② 포도잼을 두 병만 만들 계획이었지만 포도가 많아서 일곱 병이나
   만들었다
③ ?

문법 4

V-고도

크리스 씨는 나를 보고도 못 본 척 했다.
감기에 걸려서 그렇게 고생을 하고도 또 짧은 치마를 입었어요?
마리오 씨는 내 편지를 읽고도 답장을 안 썼어요.

가 : 오! 딸기 케이크네요! 이 케이크를 제가 먹어도 괜찮아요?
나 : 그렇게 먹고도 또 먹을 수 있어요?
가 : 네. 요즘은 아무리 먹어도 계속 먹고 싶어요.

▷ V-고도 남다
  안내 방송을 잘 들었다면 가방을 찾고도 남았을 거예요.
  한 달 용돈이 백만 원이면 충분히 쓰고도 남을 거예요.

애니 씨는 툭하면 결석해서 선생님께 혼난다

가 : 애니 씨가 또 결석했어요?

나 : 네. 선생님께 혼나고도 오늘도 학교에 안 왔어요.

가 : _____?

나 : _____.

① 리에 씨는 쇼핑을 자주 해서 용돈을 다 썼다
② 마리오 씨는 축구를 하다가 다리를 다쳤다
③ ?

문법 5

N(이)란

성공이란 내가 이루고 싶은 꿈을 이루는 것이라고 생각해요.
김치란 한국 최고의 반찬으로써 없어서는 안 되는 음식이에요.
선생님이란 나를 바른 곳으로 이끌어 주는 분이세요.

가 : 학교란 어떤 곳일까요?
나 : 학교란 미래를 꿈꿀 수 있는 곳이에요.

문법 6

N(으)로 여기다/보다/느끼다/생각하다

우리 할머니께서는 저를 아직도 어린 아이로 여기세요.

마리오 씨는 삼십 년 동안 한국에서 살았으니까 한국 사람으로 봐도 돼요.

그 사람은 저를 친구로 생각하기 때문에 우리는 연인이 되기는 어려울 것 같아요.

가 : 토론할 때 주의할 점은 어떤 것이 있습니까?

나 : 다른 사람의 의견은 틀린 것으로 생각하고 자신의 의견만 맞는 것으로 여기는 것은 옳지 않습니다.

연습해 보세요 4

가족
가 : 가족이란 무엇일까요?
나 : 작은 문제도 함께 해결할 문제로 여기는 사람이라고 생각합니다.
가 :   ?
나 :   .

① 친구

② 사랑

③ ?

연습해 보세요 5

　(집)＿＿＿＿＿＿＿＿　하루의 피로를 풀고 편하게 쉬는 곳인데...
내 방은 너무 시끄럽다. 나는 내 방에서 (쉬다)＿＿＿＿＿＿＿＿＿＿＿
내 옆방의 사람들은 밤새도록 시끄럽게 (떠들다)＿＿＿＿＿＿＿＿＿＿＿　미
안하다는 사과 한 마디 안 한다. 도저히 참을 수가 없어서 몇 번이나 조
용히 해 달라고 이야기했지만 계속 시끄럽게 떠든다. 주말은 그렇다고
해도 평일에는 나도 조용히 (쉬다)＿＿＿＿＿＿＿＿＿＿
　어젯밤에도 (일찍 자다)＿＿＿＿＿＿＿＿　너무 시끄러워서 결국 새벽 한 시를
넘기고 말았다. 옆방 사람들은 나를 없는 사람이거나 아주 (착한 사람)
＿＿＿＿＿＿＿＿＿＿＿＿＿＿＿＿＿　오늘도 나는 피로가 쌓여 간다.

본문

● 여러분은 어떤 집에서 살고 싶습니까?

스테파니 : 크리스 씨는 어떤 집에 살고 싶어요?

크 리 스 : 글쎄요. 집이란 그냥 편하게 쉴 수 있는 곳이 아닐까요? 스테파니 씨는 어떤 집에서 살고 싶은데요?

스테파니 : 저는 마당이 있는 집에서 살고 싶어요. 저는 꽃이랑 강아지를 키웠으면 하거든요. 아파트에서는 강아지를 키우려야 키울 수도 없잖아요. 그리고 집도 좀 넓었으면 하고요. 서재도 있었으면 좋겠고 거실에서 영화도 봤으면 해요.

크 리 스 : 스테파니 씨는 정말 큰 집이 필요하겠어요. 집은 혼자 지내기에 적당한 크기면 된다는 게 제 생각이에요. 집이 넓으면 청소하기도 힘들고요. 지금도 작은 방에 살지만 매일 청소한다는 것이 그냥 넘어가기 일쑤예요.

스테파니 : 그래도 집에 누가 놀러 올 수도 있는데 집이 너무 좁으면 불편하지 않아요?

크 리 스 : 저는 집을 저 혼자만의 공간으로 꾸미고 싶어요. 친구는 밖에서 만나면 되지요.

스테파니 : 남자들은 이렇다니까요. 그건 집이 아니라 방이지요.
집이란 가족 모두가 편하게 지내야 하는 곳이에요. 그러니까 넓어야 한다고요.

크 리 스 : 우리 이러다가 싸우겠어요. 그만하고 다른 이야기해요. 우리가 당장 집을 살 것도 아니잖아요. 누가 들으면 우리 둘이 결혼하는 것으로 오해하겠어요.

스테파니 : 그런가요? 그래도 친구들에게 물어보세요. 모두 제 말이 맞다고 할걸요.

1. 스테파니 씨가 살고 싶어하는 집은 어떤 집입니까?

2. 크리스 씨에게 집이란 어떤 공간입니까?

3. 집의 크기를 중요하게 생각하는 사람은 누구입니까? 왜 그렇습니까?

4. 여러분은 누구의 생각이 맞다고 생각하십니까? 집에 대한 여러분의
   생각을 이야기해 보세요.

1. 미래의 세상에 대해 예상하는 것이 <u>아닌 것</u>을 고르십시오.
   ① 직접 사람을 만날 필요가 없을 것이다.
   ② 과학이 발전한 탓에 좋은 공기는 마실 수 없다.
   ③ 지하도가 생겨서 건물 밖으로 나가지 않아도 될 것이다.
   ④ 집이 더욱 편리하고 편안한 곳으로 발전할 것이다.

2. 토린 씨와 애니 씨는 미래에 어떤 기술이 발전할 것이라고 생각합니까?

토린	
애니	

3. 앞으로 어떤 형태의 집이 생길까요? 여러분의 생각을 이야기해 보세요.

_____

_____

_____

_____

_____

_____

_____

_____

형태 form	공기청정기 air cleaner
발전하다 develop	가상현실 virtual reality
증강 현실 Augmented Reality	현실 세계 real world
3차원 three dimensional	영상 image
겹치다 overlap	수시로 frequently
속마음 one's innermost feelings	

이야기해 보세요

1. 여러분은 어떤 집에서 살고 있습니까? 여러분의 집과 방에 대해 이
   야기해 보십시오.

> 애　니 : 크리스 씨, 고향에 있을 때 어떤 집에 살았어요?
>
> 크리스 : 창문을 열면 바다가 보이는 2층집이었는데 부모님은 1층
> 을 쓰셨고 제 방은 2층에 있었어요. 애니 씨는요?
>
> 애　니 : 저는 어릴 때부터 아파트에 살았어요.
> 크리스 씨의 집처럼 2층집에 살았으면 했지요.
> 드라마나 영화를 보면 주택은 아이들이 뛰어놀고도 남는
> 넓은 마당이 있잖아요. 다락방같이 특별한 장소도 있고요.
>
> 크리스 : 그렇군요. 저는 아파트에 살았으면 했는데...

2. 아파트와 주택의 장점과 단점, 개선점을 써 보세요.

	장점	단점	개선점
아파트			
주택			

3. 여러분이 살던 집에 대해 이야기해 보세요.

읽기

● 여러분의 나라에는 어떤 형태의 집이 있습니까?

요즘은 아파트가 많아져서 전통 가옥을 보려야 볼 수 없다. 박물관이나 민속촌에 가야 전통 가옥을 볼 수 있다. 전통 가옥은 각 나라의 환경과 고유한 문화를 지니고 있어서 생생한 삶의 모습을 보여 준다.

1. 물 위에 집을 짓는다 - 수상 가옥

미얀마 동북부에 있는 인레(Inle) 호수의 사람들은 이곳에서 평생을 산다. 이들은 호수의 자손 인타(Intha)족이다. 인타족은 물 속에 기둥을 세우고 그 위에 벽을 쌓아 만든 수상 가옥에서 살면서 호수 위에 떠 있는 땅인 쭌묘에서 농사를 짓는다.

2. 땅속에도 집이 있다 - 지하 마을

튀니지 가베스 주에는 마트마타 마을이 있다. 이 마을은 1967년 큰 홍수로 발생한 피해 상황을 조사하다가 우연히 외부에 알려진 곳으로 세계에서 가장 큰 지하 마을이다. 오래 전 전쟁이 났을 때 도망친 사람들이 건설했다는 이야기가 전해진다. 땅을 거대한 우물처럼 깊게 판 다음 그 옆으로 구멍을 파서 사람이 살 수 있는 집과 외양간, 창고 등을 만들었다.

3. 집이란 내가 서 있는 바로 이곳이다 - 유르트

유르트란 중앙아시아 지역에서 유목민들이 만든 이동식 집을 말한다. 높이 1.2m의 원통형 벽과 둥근 지붕으로 되어 있다. 벽과 지붕은 나뭇가지를 이용하여 세우고 그 위에 천을 씌워서 만들기 때문에 이사할 때 분해를 하고도 쉽게 조립할 수 있다.

1. 글의 내용과 다른 것을 고르세요.
   ① 지하 마을을 유르트라고 부른다.
   ② 인타족은 호수에서 일생을 살아간다.
   ③ 전통 집은 각 나라의 고유한 환경을 가지고 있다.
   ④ 마트마타 마을에서 사람뿐만 아니라 동물도 살 수 있다.

2. 지하 마을은 어떻게 만들어졌습니까?

   ....

   ....

   ....

3. 여러분이 알고 있는 독특한 집은 무엇입니까?

   ....

   ....

   ....

전통 가옥 traditional house	미얀마 Myanmar
동북부 east-northern	자손 descendant
뜨다 float	쭌묘 Floating island
튀니지 Tunisia	가베스 주 Gover norate
마트마타 마을 Matmate village	홍수 deluge
피해 damage	외부 outside
외양간 barn	유르트 yurt
중앙아시아 Central Asia	유목민 nomad

쓰기

● 여러분은 어떤 곳에 어떤 집을 짓고 싶습니까?

1. 여러분이 짓고 싶은 집에 대해 이야기해 보세요.

위치	
형태	
내부 구조	
실내장식	
기타	

2. 여러분은 이 집에서 누구와 함께 어떻게 지내고 싶습니까?

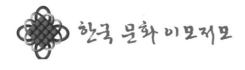

한국 문화 이모저모

우리 전통 한옥마을에 같이 갈까요?

　한국의 전통적인 집을 '한옥'이라고 한다. 예전에는 한옥을 어디서든지 볼 수 있었지만, 지금은 한옥이 많이 없어졌다. 서울의 '북촌 한옥 마을'이나 전주의 '한옥 마을' 등에 가면 한옥 마을의 모습을 볼 수 있지만, 과거 모습은 많이 사라졌다. 한옥에 살고 있는 사람들이 시대에 맞게 편리하게 수리해서 살고 있기 때문이다. 하지만 조금 발품을 팔면 한국 유교 문화의 발상지인 영주 '선비촌'이나, 안동 '하회 마을'에 가면 옛 조상의 주거 문화와 전통 마을의 모습을 옛 모습 그대로 체험해 볼 수 있다. 몇백 년 된 대청마루에 앉아서 자연을 감상할 수도 있고, 고즈넉한 마을을 거닐면서 과거로의 시간 여행을 해 볼 수도 있다.

　한옥은 서민들이 주로 살았던 '초가집'과 양반들이 살았던 '기와집'으로 나눌 수 있다. 벼농사를 짓고 남은 볏짚을 이용해서 지붕을 만든 집을 '초가집'이라 하고, 지붕을 기와로 만든 집을 '기와집'이라고 한다. '초가집'이나 '기와집'의 벽은 요즘 웰빙으로 주목받고 있는 황토 진흙으로 만들어졌다. 황토는 온도 조절이 잘 되기 때문에 여름에는 시원하고 겨울에는 따뜻하다. 또 황토집은 통풍이 잘되고 습기를 제거해 주기도 하며, 공해 물질을 해독하고, 스마트폰이나 컴퓨터의 전자파를 흡수한다.

　한옥의 독창성은 마루와 온돌이다. 한국인들은 집안에서 신발을 벗고 생활한다. 그래서 더운 여름에는 시원한 마루에서 생활하고, 추운 겨울에는 따뜻한 방에서 생활하는데, 방바닥이 따뜻해서 신발을 신을 필요가 없다. 신발을 벗고 생활하는 것은 하루의 쌓인 피로를 풀 수 있어서 건강에도 좋다고 한다.

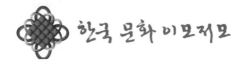

한국 사람들은 온돌이라는 것을 발명하였다. 온돌은 '구운 돌' 이란 뜻인데, 집의 바닥 전체를 데우는 독특한 방법이다. 옛날에는 부엌의 아궁이에서 불을 때면 불기운이 방 아래 통로를 지나가면서 온돌(구들장)을 데워 방이 따뜻해졌다. 그리고 부엌에서는 그 아궁이의 불로 밥을 하였다. 지금은 밥을 하는 불과 난방용 불을 따로 사용하지만, 옛날에는 한꺼번에 하나의 불로 두 가지를 사용하였다. 요즘 한국에서 인기 있는 찜질방도 온돌의 원리를 적용한 것이다. 집안의 방바닥이 따뜻해서 한국 사람들은 바닥에 앉는 것을 좋아한다. 그래서 한국은 좌식 생활이 발달해 왔다.

한국 드라마에서 자주 나오는 찜질방은 이제 한국 사람 뿐 아니라, 외국인들도 즐기는 명소이다. 뜨끈한 바닥에 몸을 지지는 것을 처음에는 이상하게 생각하는데 몇번 하다가 보면, 몸의 피로가 말끔히 풀리는 것을 경험하게 될 것이다. 온돌집에서 살지 않는 사람들도 이렇게 찜질방에서 간접적으로 온돌의 효과를 체험해 보는 것도 좋은 경험이 될 것 같다.

하지만, 자연과의 조화를 추구하면서 소박하게 지었으며, 조상들의 지혜가 고스란히 담긴 멋진 건축물인 한옥을 찜질방 체험으로 다 느낄 수는 없다. 한국에 있는 동안 건강과 힐링의 두 가지 키워드를 다 가지고 있는 한옥에서 하루 숙박해 보는 것도 멋진 문화 체험이 되지 않을까?

06

인생 계획을 세우고 나니 삶의 목적이
뚜렷해졌어요

- 학습목표 : 행복한 삶에 대해 이야기하고 인생 계획을 세울 수 있다.
- 기   능 : 분석하기, 제안하기
- 문   법 : A/V-던데, V-았/었던데, N(에) 못지않게, V-듯(이), V-고 나니(까), N에 의해(서)/의한, A/V-(으)ㅁ

여러분이 꿈꿔 온 인생에 대해 이야기해 보세요.

여러분은 어떤 인생을 꿈꾸고 있나요?
여러분은 언제 행복을 느끼나요?
행복한 인생이란 어떤 것일까요?

어휘와 표현

명사

공연
기타리스트 guitarist
무용수 dancer
이미지 image
심사위원 judges
현장 field
청중 audience
반응 response
주위 surrounding
첫인상 first impression

문제 해결
진땀 sweat hard
부작용 side effect
범죄 crime
투표 voting

기타
로봇 robot
상온 room temperature
자동화 automation
대기업 major company
식물 plants
연구원 researcher
기술자 technician
경영 management
탁구 ping-pong table tennis

외국어 foreign languagge
합계 total
수상자 winner
경제 economy
월급 salary

동사

건설
안정되다 stability
개발하다 develop
공사하다 do construction work

기타
변질되다 spoil
저지르다 commit
움직이다 move
예상하다 expectation
비교하다 compare
꿈꾸다 dream
처벌받다 be punished

형용사

훌륭하다 excellent
진지하다 earnest
화목하다 harmonious
확실하다 certain

부사

싱글벙글 with a broad smile

표현

공연

ARS audio response system
자기 소개서 a letter of self-introduction
학업 계획서 academic plan
긴장이 풀리다 undergo relaxation
바람을 쐬다 expose oneself to the wind

직업

한숨을 쉬다 sigh
적성에 맞다 that's right for (me/anyone)
보람을 느끼다 worthwhile
수입이 보장되다 income ensured
전망이 밝다 having a bright future

기타

냉장 보관 cold storage
행복 리스트 happiness list
무지개가 뜨다 rainbow in the sky
화상을 입다 get scalded
처방을 받다 get prescription
선을 보다 see each other with a view to marriage

더 배워 봅시다.

진땀을 흘리다 : 긴장하거나 매우 힘들어한다
눈코 뜰 새 없다 : 아주 바빠서 시간이 없다
입에 쓴 약이 몸에 좋다 : 충고는 듣기 싫지만 도움이 된다

예) 리 우 팅 : 마리오, 잘 지냈어? 오랜만이다.
　　마 리 오 : 오랜만이야. 너도 잘 지내지?
　　리 우 팅 : 나는 요즘 대학교 입학 준비 때문에 **눈코 뜰 새 없이** 바빠. 그래서 어제도 예습을 못하고 들어갔는데 선생님께서 나에게 갑자기 어려운 질문을 하는 바람에 **진땀을 흘렸어.**
　　마 리 오 : 그래? 정말 당황했겠다.
　　리 우 팅 : 응. 그리고 선생님께도 잔소리를 들어서 정말 속상했어.
　　마 리 오 : **입에 쓴 약이 몸에 좋다**고 선생님 말씀에 너무 속상해하지 마.

문법 1

A/V-던데, V-았/었던데

리에 씨는 외국어를 잘 하던데 크리스 씨는 잘 못하더라고요.
지난주에 먹은 닭갈비가 맛있던데 오늘 저녁은 그 식당에서 먹을까요?
어제 보니까 제주도에서 찍은 사진이 잘 나왔던데 나도 한 장 주면 안돼요?

가 : 올라오면서 보니까 일 층에서 공사를 하던데 시끄럽지 않나요?
나 : 시끄럽기는 한데 참을 만해요.

문법 2

N(에) 못지않게

내 동생은 가수 못지않게 노래를 잘해요.
대학로는 평일도 주말 못지않게 사람이 많아요.
이 스카프는 목도리에 못지않게 따뜻해요.

가 : 20년 뒤에 어떻게 살고 싶어요?
나 : 좋은 직업을 가지고 돈을 많이 벌고 싶어요.
가 : 그래요? 살면서 직업이나 돈에 못지않게 중요한 것이 얼마나 많은데요.

연습해 보세요 1

> 동생은 기타 연주를 듣고 따라했다
>
> 가 : 동생이 기타를 잘 치던데 배운 거예요?
>
> 나 : 아니요. 기타 연주를 듣고 따라하더니 기타리스트에 못지않게
>   잘 치더라고요.
>
> 가 :   ?
>
> 나 :   .

① 크리스 씨는 매일 탁구 연습을 했다
② 리에 씨는 매일 전시회에 가서 그림을 봤다
③ ?

문법 3

V-듯(이)

그 무용수는 한 마리 새가 날듯이 가볍게 몸을 움직였다.
친구들과 농구를 하면 땀이 비 오듯 흐른다.
리우팅 씨는 잘난 척을 밥 먹듯이 해요.

가 : 말하기 대회를 하는데 너무 긴장해서 큰일이야.
나 : 긴장하지 마. 친구들에게 이야기하듯이 편하게 하면 될 거야.

▷ V-(으)ㄴ/는/(으)ㄹ 듯(이), A-(으)ㄴ 듯(이)
마리오 씨와 애니 씨는 물건을 던지며 헤어질 듯이 싸웠어요.
시험지를 받은 학생들은 어려운 듯이 한숨을 쉬었다.

연습해 보세요 2

마리오 씨가 뛰는 것처럼 빠르게 걸어간다

가 : 마리오 씨가 뛰듯이 빠르게 걸어가던데 무슨 일 있어요?
나 : 고향에서 부모님이 오셔서 그런가 봐요.

가 : _____?
나 : _____.

① 애니 씨가 물을 쓰는 것처럼 돈을 쓴다
② 크리스 씨가 기분이 좋은 것처럼 싱글벙글 웃는다
③ ?

문법 4

V-고 나니(까)

밥을 먹고 나니까 배가 불러서 아무 일도 하기 싫어요.
소나기가 그치고 나니 하늘에 예쁜 무지개가 떴어요.
이야기를 듣고 나니 왜 급히 나갔는지 알겠어요.

가 : 면접도 끝났는데 바람이라도 쐬러 갈까?
나 : 글쎄. 면접을 보고 나니까 긴장이 풀려서 피곤해.

쇼핑을 해서 옷장에 예쁜 옷들이 많아졌다
가 : 기분이 좋아 보이는데 무슨 일 있어요?
나 : 쇼핑을 하고 나니까 옷장에 예쁜 옷들이 많아져서 그래요.

가 :   ?
나 :   .

① 친구와 이야기를 해서 고민이 해결되었다
② 취업에 성공해서 행복하다
③ ?

문법 5

N에 의해(서)/의한

모든 일은 자신의 노력에 의해서 결과가 달라지니까 열심히 하세요.
범죄를 저지른 사람은 법에 의해 처벌받게 된다.
컴퓨터와 로봇에 의한 자동화로 세상의 변화가 빨라졌다.

가 : 내일 선을 보는데 어떤 옷을 입으면 좋을까요?
나 : 첫인상에 의해서 이미지가 달라질 수 있으니까 정장을 입지 그래요?

연습해 보세요 4

> 심사위원 점수, ARS 합계, 현장 투표 등으로 오디션의 1등이 결정된다
>
> 가 : 오디션에서 1등은 어떻게 결정됩니까?
> 나 : 심사위원의 점수와 ARS 합계, 현장 투표 등에 의해서 결정됩니다.
>
> 가 : _____ ?
> 나 : _____ .

① 자기소개서, 학업 계획서, 면접 점수 등으로 합격이 결정된다
② 내용, 태도, 청중 반응 등으로 말하기 대회 수상자가 뽑힌다
③ ?

문법 6

A/V-(으)ㅁ

시험 중에는 휴대폰을 사용할 수 없음.
경제가 발전함에 따라 사람들의 생활도 편해졌습니다.
얼굴 표정을 보니까 그 사람도 고민하고 있음을 알 수 있었다.

연습해 보세요 5

부작용이 생길 수 있으며 의사의 처방을 받아야 한다
부작용이 생길 수 있음. 의사의 처방을 받아야 함.

①

상온에서는 변질될 수 있으며
냉장보관을 해야 한다

②

화상을 입을 수 있으며
옷 위에 붙여야 한다

③ ?

연습해 보세요 5

| A/V-던데, V-았/었던데 | N(에) 못지않게 | V-듯(이) |
| V-고 나니(까) | N에 의해(서)/의한 | A/V-(으)ㅁ |

오늘 수업 시간에 행복하게 사는 방법에 대해 이야기를 했다. 선생님 께서는 '행복하게 살기 위해서 해야 할 일'에 대해 메모해 오라고 하셨 다.

<행복하게 살기 위해서 해야 할 일>

1. 적성에 맞는 일을 할 때 행복함.
   (나의 선택) _____ 미래가 (달라질 수 있다) _____

2. 돈을 버는 (것) _____ 꿈을 이루는 것이 중요함.

3. 키우는 식물들에게 매일 (물을 주다) _____ 가까운 사람들에게도 자주 연락해야 함.

메모를 하기 전에는 행복하게 살기 위해 해야 할 일들이 어렵게 느 껴졌다. 그런데 이렇게 (쓰다) _____ 생각보다 어렵지 않은 것 같다. 며칠 전에 친구가 나에게 (메일을 보내다) _____ 오늘은 그 친구에게 전화를 해 봐야겠다.

본문

● 여러분은 어떤 인생을 살고 싶습니까?

크 리 스 : 스테파니 씨는 앞으로 어떻게 살고 싶어요?

스테파니 : 글쎄요. 재미있고 행복하게 살면 좋겠어요.

크 리 스 : 구체적으로 생각해 본 적이 있어요?

스테파니 : 글쎄요. 성공한 사업가가 되고 화목한 가정을 만들고...
크리스 씨는 어떻게 살고 싶은데요?

크 리 스 : 저도 확실한 계획은 아직 없어요. 그런데 부모님은 제가
훌륭한 의사가 되기를 바라셔서 지금까지 부모님의 생각
대로 살아왔어요. 하지만 부모님에 의해서 미래를 결정하
고 싶지는 않아요. 그래서 미래에 대해 설계해 보려고요.
여기에서 가장 중요한 것은 제 꿈과 목표를 구체적으로 생
각해야 하는 거예요.

스테파니 : 너무 어렵게 생각하지 말아요. 행복하게 사는 일은 그렇게
특별한 일이 아니에요. 나와 주변 사람들이 항상 웃을 수
있고 하는 일에 보람을 느끼면서 사는 것이 행복하게 사는
것이 아닐까요?

크 리 스 : 스테파니 씨의 말을 듣고 나니까 내가 원하는 인생이 무엇
이고 어떤 준비를 해야 할지 무슨 일을 할 때 행복한지 생
각해 보게 되네요.

스테파니 : 이번 기회에 진지하게 잘 생각해 보세요. 열심히 사는 것 못
지않게 자기 자신에 대해서 정확하게 아는 것도 중요해요.

크 리 스 : 알겠어요. 고마워요.

1. 크리스 씨는 지금까지 어떻게 살아왔습니까?

2. 크리스 씨는 어떤 고민을 하고 있습니까?

3. 미래를 설계하는 데에 가장 중요한 것은 무엇입니까?

4. 여러분이 생각하는 미래에 대해 친구들과 이야기해 보세요.

1. 맞으면 O, 틀리면 X 하세요.

　① 미래에는 환경의 변화를 예상하는 직업이 생길 것이다.　　(　　)

　② 경제가 발전하면 공무원이나 선생님 같은 직업이 인기가 있다.

　　　　　　　　　　　　　　　　　　　　　　　　　　　　(　　)

　③ 미래에는 과학이 발전해서 연구원이나 기술자가 줄어들 것이다.

　　　　　　　　　　　　　　　　　　　　　　　　　　　　(　　)

2. 미래에 인기가 있을 직업이 <u>아닌</u> 것은 무엇입니까?

　① 수입이 안정적인 직업

　② 도시를 설계하는 직업

　③ 새로운 에너지를 연구하는 직업

　④ 회사 경영에 도움을 주는 직업

3. 다음 시간에 이어질 내용은 무엇입니까?

　　① 인기 있는 직업에 관한 내용

　　② 전망이 밝은 직업에 관한 내용

　　③ 미래에 개발될 기술에 관한 내용

　　④ 노인들을 돌보는 직업에 대한 내용

4. 여러분은 어떤 직업을 갖고 싶습니까?

과거 the past	석유 petroleum
에너지 energy	설계하다 design
재난 disaster	현재 the present
고령화 aging	실버 silver
지혜 wisdom	전문적 specialized

이야기해 보세요

1. 여러분은 언제 행복합니까? 여러분에게 행복이란 무엇입니까?
   여러분이 생각하는 행복의 조건에 대해서 이야기해 보세요.

> 리우팅 : 애니 씨에게 행복이란 뭐예요?
>
> 애　니 : 행복이란 스트레스를 받지 않고 즐겁게 사는 것이라고 생
>   각해요.
>
> 리우팅 : 저는 대기업 사장님 못지않게 돈을 많이 벌어서 물 쓰듯
>   이 써 보면 행복할 것 같아요. 그리고...

2. 여러분이 생각하는 행복은 무엇입니까?

어떤 사람과 있을 때 행복합니까?	
무엇을 할 때 행복합니까?	

3. 행복의 조건에 대해 이야기해 보세요.

읽기

● 여러분은 어떻게 사는 것이 행복하게 사는 것이라고 생각합니까?

사람들은 누구나 행복하게 살기를 바랍니다. 행복하게 사는 방법을 찾기 위해 서점에서 책도 읽어 보고 자신만의 행복 리스트를 써 보기도 합니다.

사람들은 '후회하지 않는 것이 행복인 것 같아요.', '건강한 것이 행복이지요.', '가족과 함께 지내는 것이 행복입니다.', '돈이 많으면 행복한 것 같아요.' 등등 다양한 생각을 하고 있습니다.

그런데 평소에 사람들이 행복하다고 느끼지 못하는 이유는 무엇이라고 생각합니까? 가장 큰 이유는 다른 사람과 비교하기 때문입니다. '저 사람은 좋은 회사에 다니고 월급도 많던데 나는 왜 조금밖에 못 받지?', '저 사람은 크고 좋은 차를 타던데 내 차는 왜 이렇게 작지?' 이런 생각들을 하면 현재에 만족을 하지 못하고 미래의 행복만을 꿈꾸게 됩니다.

행복은 스스로의 생각에 의해서 결정됩니다. 행복하다고 생각하면 할수록 행복해지지만 불행하다고 생각하면 점점 더 불행해지는 것입니다.

자, 여러분! 행복을 먼 곳에서 찾지 말고 여러분 주위에서 찾아봅시다. 그리고 나의 행복에 못지않게 다른 사람의 행복도 중요하므로 다른 사람들과 함께 행복을 느껴보는 것도 좋은 방법입니다.

지금 내 옆의 사람들과 내가 하는 일들을 소중하게 생각하면서 살면 행복하게 살 수 있습니다.

1. 위의 내용과 다른 것을 고르십시오.
   ① 행복은 가까이에 있다.
   ② 사람들이 생각하는 행복은 모두 다르다.
   ③ 세상에서 가장 중요한 것은 나의 행복이다.
   ④ 다른 사람과 비교하는 것은 행복하지 않은 방법이다.

2. 사람들이 평소에 행복하다고 느끼지 못하는 이유는 무엇입니까?

3. 여러분은 언제 행복하다고 느낍니까?

쓰기

- 여러분은 인생에서 가장 중요한 것이 무엇이라고 생각하십니까?

1. 직장인들이 인생에서 가장 중요하다고 여기는 것이 무엇일까요?

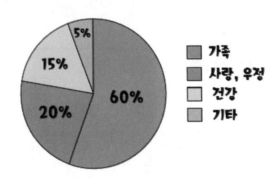

인생에서 가장 중요한 것

미래연구소에서는 직장인 남녀 100명을 대상으로 인생에서 가장 중요한 것이 무엇인지에 대해 조사했다. 조사 결과에 따르면 가족이 가장 중요하다고 답한 응답자가 60%로 가장 많았다. 다음으로 사랑과 우정이 20%였으며 건강은 15%로 나타났다. 그밖에 기타 의견으로는 행복, 돈, 명예 등이 있었다. 조사 결과를 통해 나보다 가족을 생각하는 사람이 더 많다는 것을 알 수 있었다.

2. 인생에서 가장 중요한 것이 무엇인지 조사해 보세요.

친구 이름	인생에서 가장 중요한 것	이유

3. 위에서 조사한 내용을 바탕으로 그래프를 만들고 글을 써 보세요.

제목 :

....

....

....

....

....

....

직장인 worker	응답자 respondent
명예 honor	기타 the other
그래프 graph	

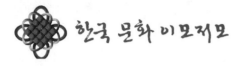 한국 문화 엿보기

사주 카페나 사주 앱을 아세요?

누구나 한 번쯤 자신의 미래에 대해 궁금해하거나 걱정해 본 경험이 있을 것이다. 특히 취업이나 결혼 등 큰일을 앞두고 있을 때, 혹은 어려운 일을 당했을 때 누군가에게 자신의 미래에 관해 물어보고 싶을 것이다.

한국인들은 새해가 되면 심심풀이로 토정비결을 보면서 길흉화복을 점치기도 한다. 토정비결은 조선 시대의 학자 이지함이 만든 《토정비결》 이라는 책을 통해 한 해의 운수를 알아보는 일종의 세시풍속이다. 토정비결로 운세를 보는 것은 조선 시대 후기부터 지금까지 꾸준히 유행하고 있다.

과거에는 새해가 되면 점집이나 철학관에 가서 신년 운세를 봤지만, 요즘 젊은 세대는 ' 사주 카페 ' 라는 곳을 많이 찾는다. 점집이나 철학관은 어머니나 할머니 등의 어르신들이 자주 가던 은밀한 곳이었지만, ' 사주 카페 ' 는 편안하고 아늑하게 꾸며진 카페에서 차를 마시면서 점을 보는 개방형 공간으로 특히 대학로나 압구정동, 홍대 근처에 가면 쉽게 볼 수 있다. 그렇기 때문에 20대부터 60대에 이르기까지 연령층이 다양할 뿐만 아니라 외국인들도 재미로 사주 카페를 많이 찾는다.

젊은 층에서 주로 상담하는 내용은 자신의 사주, 취업운, 연애운, 건강운 등인데, 요즘에는 취업에 대한 불안 때문에 언제 취직을 할 수 있을지, 어디에 원서를 내면 좋을지 등 취업 관련 사주를 보러 오는 손님들이 많다고 한다. 한 번 사주를 볼 때 내는 비용도 일반 점집보다 저렴한 편이다.

비용을 내야 하는 점집과 달리 무료로 이용이 가능한 사주 관련 앱도 인기를 끄는 추세다. 구글 앱스토어에 등록된 사주 관련 애플리케이션

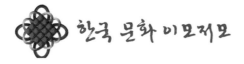
한국 문화 이모저모

이 8백여 개가 넘는다고 한다. 또 굳이 별도의 앱을 내려받지 않더라도 새해가 되면 은행이나 대형 마트의 홈페이지, 취업 포털 사이트에서 무료로 새해 운수를 볼 수 있게 감사 이벤트를 하는 곳도 있어서 한국인들은 자신의 기호에 맞게 운세를 보기도 한다.

　사람들이 점집이나 사주 카페, 혹은 사주 앱 등을 찾는 이유는 미래에 대한 두려움과 자신이 지금 어떤 위치에 처해 있는지 알고 싶어서이다. 하지만 이것을 잠시 힐링하는 정도로만 활용해야지 무조건 믿는 것은 금물이다.

　옛 속담에 ' 호랑이에게 물려가도 정신만 차리면 산다. ' 라는 말이 있듯이 비록 지금은 자신이 원하는 현실이 아니더라도, 자신이 가고자 하는 목적이 분명하다면 길은 어떻게든 열린다. 가끔 심심풀이로 사주나 운세를 보는 것은 괜찮지만, 이 결과를 믿고 아무 노력도 하지 않거나, 아예 포기하는 일은 없어야 하겠다. 점에 운명을 의지하기 보다는 자신의 능력을 키우는 것이 훨씬 현명하다는 것을 잊지 말자.

memo*

07

열심히 연구한 끝에 새로운 기술을 개발해 냈어요

- 학습목표 : 최신 기기에 관한 생각과 미래의 모습에 대해 이야기할 수 있다.
- 기　　능 : 주장하기, 예측하기
- 문　　법 : V-(으)ㄴ 끝에, V-아/어 내다, N(으)로, V-고자 V, V-는 법이 없다, A/V-(으)ㄴ/는 것에/데(에) 반해(서)

30년 뒤의 세상은 어떻게 바뀔까요?

여러분이 사용하는 최신 기기는 어떤 것들이 있나요?
앞으로 어떤 기술이 개발될까요?
어떤 물건이 만들어지면 편리할까요?

어휘와 표현

명사

의료
일회용 disposable
과학자 scientist
반창고 band-aid
붕대 bandage
과학 science

경제
대량 large quantity
활기 energy
제조업 manufacturing business
비밀번호 password
정부 government
경제적 economical

기타
폐허 ruin
견해 opinion
보폭 stride
창의적 creative
발명가 an inventor
오랫동안 for ages
발명품 invention
성공적 successful
한동안 for quite a time
아이디어 idea
폭염 heat wave

폭설 heary snow
기초 basics
불모지 wasteland

동사

일
시도하다 make an attempt
수행하다 execute
멈추다 stop

취업
입사하다 join a company
진열되다 be on display
헤매다 wander
다루다 deal
갖추다 prepare

기타
우려내다 brew up
수소문하다 ask around
발달하다 develop
등장하다 appear

형용사

기름지다 fertile
유용하다 useful

부사

또다시 again
머지않아 soon
밤낮없이 night and day

표현

사회
청년 실업 youth unemployment

웹 서핑 web surfing
태블릿 PC tablet PC
최신 기기 newer gadgets
질을 높이다 raise quality
성과를 내다 make a result

기타
욕심을 내다 make greed
감정을 읽다 read emotion

> ### 더 배워 봅시다.

눈독을 들이다 : 욕심을 내서 가지고 싶은 것을 쳐다본다
쥐도 새도 모르게 : 아무도 모르게 일을 해결한다

예) 리 에 : 마리오 씨, 학교 앞에 있던 옷 가게 본 적 있어요?
　　마리오 : 옷 가게요? 모르겠는데요.
　　리 에 : 얼마 전 빵집이 없어지고 그 자리에 생긴 옷 가게요.
　　　　　　진열된 옷이 예뻐서 **눈독을 들이**고 있었는데 어제 집에 가
　　　　　　는 길에 보니까 옷 가게가 안 보여서요.
　　마리오 : **쥐도 새도 모르게** 생기더니 **쥐도 새도 모르게** 없어졌네
　　　　　　요. 주말에 DK 쇼핑몰에 가 봅시다. 디자인이 다양한 옷들
　　　　　　이 많을 거예요.

문법 1

V-(으)ㄴ 끝에

그 사람은 오랫동안 노력한 끝에 발명품을 완성했다.
몇 달 동안 고민한 끝에 한국에 유학을 가기로 했다.
어제 본 영화는 잃어버린 가족을 찾아 헤맨 끝에 만나게 되는 내용입니다.

가 : 공연은 잘 마쳤어요?
나 : 몇 달 동안 고생하면서 준비한 끝에 성공적으로 마쳤어요.

▷ N 끝에
'고생 끝에 낙이 온다'는 말이 있으니까 지금 힘들어도 참고 열심히 하세요.
10번의 프러포즈 끝에 두 사람은 결혼을 했다.

문법 2

V-아/어 내다

오랜 연구 끝에 암을 치료하는 약을 개발해 냈다.
48시간 동안 우려낸 사골 국물로 설렁탕을 만들어 냈어요.
한동안 사용하지 않던 인터넷 사이트의 비밀번호를 기억해 냈다.

가 : 일회용 반창고가 어떻게 만들어졌는지 알아요?
나 : 알지요. 다쳤을 때 상처에 쉽게 붙일 수 있는 붕대를 생각하다가
　　 만들어 냈잖아요.

연습해 보세요 1

> 7번을 시도해서 합격을 했다
> 가 : 드디어 합격했군요!
> 나 : 7번을 시도한 끝에 결국 해 냈어요.
>
> 가 : _____ .
> 나 : _____ .

① 10시간을 수소문해서 아이를 찾았다
② 5년 동안 연구해서 씨 없는 수박을 만들었다
③ ?

문법 3

N(으)로

날씨가 추워서 물이 얼음으로 변했어요.
치마가 너무 짧아서 바지로 바꿔 입었어요.
활기차던 거리가 지진 때문에 폐허로 변해 버렸습니다.

가 : 강의실에 왜 아무도 없어요?
나 : 강의실이 4층에서 3층으로 바뀌었어요.

문법 4

V-고자 V

새로운 과학 기술에 대해 박사님의 견해를 듣고자 합니다.
우리는 이 연구를 지난 몇 년 동안 성공시키고자 노력해 왔습니다.
정부는 청년 실업 문제를 해결하고자 최선을 다하고 있습니다.

가 : 우리 회사에 입사하면 무엇을 하고 싶습니까?
나 : 창의적이고 새로운 아이디어로 아이들에게 유용한 제품을 개발
　　하고자 합니다.

연습해 보세요 2

> 오염된 환경을 깨끗하게 만든다
>
> 가 : 토론 주제가 무엇입니까?
> 나 : 오염된 환경을 깨끗한 환경으로 만들기 위한 방법에 대해 토
> 　　론하고자 합니다.
>
> 가 : _____?
> 나 : _____.

① 불모지를 기름진 땅으로 만든다
② 쓰레기를 예술 작품으로 만든다
③ ?

문법 5

V-는 법이 없다

리우팅 씨는 하루도 일찍 오는 법이 없어요.
크리스 씨는 아무리 피곤해도 안 씻고 자는 법이 없어요.
리에 씨는 케이크를 좋아해서 빵집을 그냥 지나가는 법이 없어요.

가 : 마리오, 오늘은 또 뭘 안 가지고 왔어?
나 : 오늘은 책이야. 분명히 가방에 넣은 것 같았는데...
가 : 어제는 지갑, 오늘은 책, 하루도 제대로 가지고 오는 법이 없구나!

연습해 보세요 3

> 아이가 자주 감기에 걸린다
>
> 가 : 아이가 또 감기에 걸렸어요?
> 나 : 네. 면역력이 약해서인지 감기에 안 걸리는 법이 없어요.
>
> 가 :   ?
> 나 :   .

① 사람들은 설날에 대부분 고향에 간다
② 애니 씨가 오늘도 빈손으로 왔다
③ ?

문법 6

A/V-(으)ㄴ/는 것에/데(에) 반해(서)

백화점의 물건은 예쁜 데 반해서 가격이 비쌉니다.
그 식당은 음식이 맛있는 데 반해 서비스는 좋지 않아요.
과학 기술이 발달하면서 생활이 편리해진 것에 반해 여러 가지 문제점도 생겼습니다.

가 : 최근 한국의 기후 변화에 대해 말씀해 주시겠습니까?
나 : 봄과 가을이 짧아지는 데에 반해 여름과 겨울이 길어지면서 폭염과 폭설 등 이상 기후를 보이고 있습니다.

연습해 보세요 4

새 집은 학교에서 가깝다
가 : 새로 이사한 집이 어때요?
나 : 학교에서 가까운 데 반해 집값이 비싸요.

가 :   ?

나 :   .

① 우리 부모님은 성격이 다르다
② 인터넷 쇼핑몰은 가격이 저렴하다
③ ?

연습해 보세요 5

V-(으)ㄴ 끝에	V-아/어 내다	N(으)로
V-고자 V	V-는 법이 없다	A/V-(으)ㄴ/는 것에/데(에) 반해(서)

　'휴보(Hubo)'는 한국에서 개발한 인간 형태의 로봇으로 휴머노이드(Humanoid)와 로봇(Robot)의 합성어이다. 한국과학기술원에서는 2002년에 인간형 로봇 개발을 시작하여 2004년 국내 최초로 두발로 걷는 '휴보'를 만들었다. 그 뒤를 이어 (연구하다) ＿＿＿＿＿ 개발한 로봇이 '휴보2'이다.

　'휴보'는 키 120㎝, 몸무게 55kg에 보폭 35㎝로 아장아장 (걷는다) ＿＿＿＿＿ '휴보2'는 걷는 것은 물론이고 시속 3.6㎞로 달리는 것도 가능해졌다. 뿐만 아니라 가위, 바위, 보도 할 수 있고 춤도 출 수 있다. 하지만 과학자들의 연구는 (멈추다) ＿＿＿＿＿

　KAIST 연구팀에 따르면 휴보는 집안일을 도와주는 로봇, 노인의 치매를 예방하는 로봇, 인간의 감정을 읽을 수 있는 (로봇) ＿＿＿＿＿ 발전하고 있다고 한다. 또한 의료, 교육 등 지금보다 더 다양한 기능을 갖춘 로봇을 (개발하다) ＿＿＿＿＿ 밤낮없이 연구하고 있다. 앞으로 이런 연구가 계속된다면 머지않아 다양한 능력을 갖춘 로봇을 (만들다) ＿＿＿＿＿ 것이라고 믿는다.

한국과학기술원 KAIST	합성어 compound
아장아장 toddling	시속 speed per hour
치매 Alzheimer's (disease)	

본문

● 미래의 모습을 다룬 영화를 본 적이 있습니까? 기억에 남는 장면은 무엇입니까?

리우팅 : 아까 본 영화에서 기억에 남는 장면이 뭐예요?

애 니 : 저는 주인공이 지하도를 걸어가는데 광고판이 주인공을 보고 말을 거는 장면이 기억에 남아요. 정말 신기하더라고요. 리우팅 씨는요?

리우팅 : 저는 경찰들이 슈퍼맨처럼 날고 허공을 손으로 건드리기만 해도 화면이 나타나는 장면도 기억에 남아요.

애 니 : 정말 머지않아 그런 세상이 올까요? 저는 정말 기대가 돼요.

리우팅 : 저도 어느 연구소에서 오랜 연구 끝에 가정부 로봇과 노인 보호 로봇 등 다양한 로봇을 개발해 냈다는 뉴스를 들은 적이 있어요. 다양한 로봇이 개발되면 생활도 점점 편리해질 거예요.

애 니 : 하지만 편리해지는 데 반해 문제점도 생기지 않을까요? 좋은 일만 생기는 법은 없지요. 광고판이 말을 거는 장면이 신기하기는 했지만 어디서든 나를 알아보는 뭔가가 있다면 좀 무서울 것 같아요.

리우팅 : 너무 걱정하지 마세요. 나쁜 점을 고쳐 나가면 지금보다 더 좋은 세상으로 변해 가지 않겠어요?

애 니 : 그렇다면 다행이지만요. 미래에 대한 다른 영화는 없어요?

리우팅 : '너랑 나랑, 로봇'이라는 영화가 있어요. 인공지능 로봇과 사람들의 관계에 대한 이야기예요. 이 영화를 보면 인공지능 로봇에 대해 진지하게 생각해 보게 돼요.

애 니 : 정말 궁금한데요. 이번 주말에 봐야겠어요.

1. 리우팅 씨가 본 영화에서 기억에 남는 장면은 무엇입니까?

2. 애니 씨가 생각하는 문제점은 무엇입니까?

3. 영화 '너랑 나랑, 로봇'의 내용은 무엇입니까?

4. 여러분이 본 영화의 미래 모습은 어떻습니까?

광고판 billboard	허공 empty space
가정부 housekeeper	인공지능 artificial intelligence

듣기 🎧

1. 맞으면 O, 틀리면 X 하세요.

① 과거에는 대량 생산을 할 수 없었다. ( )

② 제조업은 개인이 할 수 있는 일이 되었다. ( )

③ 스테파니 씨는 창업자들을 돕는 일을 하고 있다. ( )

2. 3D 스캐너와 3D 프린터에 대한 설명으로 <u>틀린 것</u>을 고르세요.

① 과자나 초콜릿도 집에서 만들 수 있다.

② 아이디어만 있으면 제품을 만들 수 있다.

③ 원하는 모든 물건은 대량으로 만들어야 한다.

④ 물체의 모습을 컴퓨터에 입력하면 원하는 크기로 물체를 만들 수 있다.

3. 3D 스캐너와 3D 프린터기를 사용한 여러 가지 제품들이 만들어지고 있습니다. 미래에는 어떤 제품들이 만들어질까요?

창업자 founder	운영하다 manage
3D 스캐너 3D scanner	3D 프린터 3D printer
입력하다 enter	설정하다 set-up
푸드 프린터 food printer	정보 기술 Information Technology
물체 object	

이야기해 보세요

1. 여러분은 최신 기기를 어떻게 이용하고 있으며 미래에는 어떤 기술이 개발되면 좋을 것 같습니까?

크 리 스 : 스테파니 씨가 자주 사용하는 최신 기기는 뭐예요?
스테파니 : 스마트폰, 태블릿 PC 정도예요.
크 리 스 : 그것으로 주로 뭘 하는데요?
스테파니 : 숙제도 하고 웹 서핑이나 쇼핑도 해요. 밤에는 영화도 보고요.
크 리 스 : 그러면 앞으로 어떤 기술이 개발되면 좋을까요?
스테파니 : 음식을 캡슐로 만들어서 간단하게 먹으면 좋겠어요. 또 실제 음식처럼 맛과 영양도 있고 포만감도 느낄 수 있으면 하고요.
크 리 스 : 제 생각에는...

2. 여러분이 사용하는 최신 기기에 대해서 이야기해 보세요.

친구 이름	최신 기기	하는 일
크리스	스마트폰, 테블릿 PC	숙제를 한다 웹 서핑, 쇼핑을 한다 영화 감상을 한다

3. 앞으로 개발될 기술에 대해 이야기해 봅시다.

읽기

● 한국의 과학 기술은 어떻게 발전해 왔을까요?

현재 한국은 자동차, 선박, 철강 산업과 함께 생명 공학과 로봇 공학 등 첨단 과학 분야에서도 많은 성과를 내고 있다. 하지만 이러한 성과는 기초 없이 만들어지는 법이 없다. 과학 기술의 발전도 마찬가지이다.

선사시대 고분 벽화에 그려진 별자리, 삼국시대에 별을 관측했다는 기록과 경주의 첨성대는 조상들의 천문학에 대한 관심을 보여 주는 좋은 예이다. 특히 조선시대는 과학이 크게 발전한 시기이다. 세종대왕은 백성들의 삶의 질을 높이고자 여러 과학자와 함께 다양한 연구 끝에 천체, 시간, 기상을 관측하는 각종 기구를 발명했다. 특히 세계 최초로 비의 양을 측정하는 측우기를 개발해 내어 농사에 큰 도움을 주었다.

17세기 이후 정약용과 같은 과학자들에 의해서 또다시 큰 발전을 하게 되었다. 과학자들은 과거의 과학 기술에 서양의 기술을 받아들여 많은 기계를 제작하고 설계하였다. 대표적인 것이 거중기인데 이것은 무거운 물건을 쉽게 다루기 위해 만들어졌다. 거중기를 사용하기 전에는 성을 짓는 데에 오랜 시간이 걸린 것에 반해 수원 화성은 거중기를 사용하여 2년 4개월 만에 완성했다.

요즘은 다양한 기능을 수행하는 로봇이 개발되고 있다. 예를 들어 스스로 배터리를 충전할 수 있는 로봇 청소기, 빨래의 무게를 측정하여 알아서 물의 양을 조절하는 세탁기 등이 있다. 앞으로는 얼마나 멋진 기술이 개발되어 인간의 삶을 편리하게 바꿀까?

1. 위 글의 내용과 <u>다른</u> 것을 고르세요.
   ① 선사시대부터 천문학에 관심이 많았다.
   ② 요즘 한국은 서양 기술을 사용하고 있다.
   ③ 거중기는 무거운 물건을 들 수 있는 기계이다.
   ④ 한국의 과학 기술은 계속 발전해 나가고 있다.

2. 조선시대에 과학 기술의 발전으로 편리해진 것은 무엇일까요?

3. 과학 기술이 발전하면서 생기는 장점과 단점은 무엇입니까?

선박 ship	철강 steel
생명 공학 biotechnology	첨단 cutting edge
고분 벽화 ancient tomb mural	선사시대 prehistoric ages
별자리 constellation	관측하다 observe
기록 record	천문학 astronomy
천체 celestial bodies	기상 weather
각종 every kind	측우기 Rain Gauge
측정하다 measure	대표적 representative
거중기 pulley	성 castle
삼국시대 the period of the three states	

쓰기

● 여러분이 발명가라면 어떤 물건을 만들고 싶습니까? 어떤 기술을 개발하면 생활이 편리해질까요?

1. 여러분이 만들고 싶은 물건에 대해서 구체적으로 써 보세요.

물건	
이유	
크기	
기능	
장점	

2. 위에서 만든 물건의 모습을 그리고 소개하는 글을 써 보세요.

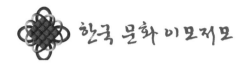
한국 문화 이모저모

새로운 데이트 장소 '카카오 프렌즈' 와
'라인 프렌즈' 를 아세요?

　서울에서 이십 대들이 가장 많이 가는 곳은 강남과 홍대 부근이다. 그래서 이곳은 패션 및 유행의 시작점이기도 하다. 이곳에 젊은이들의 새로운 데이트 장소 '카카오 프렌즈(KAKAO F RIENDS)' 가 문을 열었다. 2016년 7월 강남 '카카오 프렌즈' 가 개장했을 때는 한 시간 이상 줄을 서야만 입장을 할 수 있을 정도로 인기가 많았다. 이성 친구는 물론 동성 친구끼리도 많이 찾아가는 이곳의 매력은 무엇일까?

　'위챗' 은 중국인이 가장 많이 쓰는 모바일 메신저이고, '카카오톡' 과 '라인' 은 모두 한국에서 개발한 모바일 메신저이다. 하지만 '카카오톡' 은 한국 사람이 주로 사용하고, '라인' 은 일본이나 태국 을 비롯한 아시아 등 외국에서 더 많이 사용한다. 그래서인지 강남과 홍대, 잠실에는 '카카오 프렌즈(KAKAO FRIENDS)' 가 생겼고, 외국인들이 많이 가는 명동과 이태원에는 네이버에서 개발한 '라인 프렌즈(LINE FRIENDS)' 가 개점해서 인기를 끌고 있다.

　모바일 메신저가 발달하면서 문자를 보낼 때 사람들은 문자뿐만 아니라 감정 표현의 일종으로 이모티콘을 사용한다. 예를 들어 상대방에게 '미안해' 라고 문자만 보내는 것 보다, 두 손을 모으고 싹싹 비는 모습의 이모티콘을 함께 보내면 얼마나 미안해하는지 자신의 감정이 훨씬 더 잘 전달된다. 그래서 사람들은 카카오톡으로 서로 메시지를 주고받으면서 하루에도 수십 번씩 '카카오 프렌즈' 들의 이모티콘을 사용한다. 그런 까닭에 '카카오 프렌즈' 는 한국인들에게 가장 사랑받는 인기 캐릭터가 되었다.

　그동안 애니메이션을 바탕으로 한 미국의 '디즈니숍', 일본의 '키

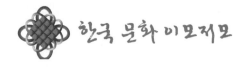

티샵' 등이 사랑을 받았지만, 한국에서는 캐릭터샵이 매장을 낸 것은
'카카오 프렌즈와 '라인 프렌즈'가 처음이다. 하지만 인기가 너무
폭발적이어서 '캐릭터샵'은 전국으로 확대되었을 뿐만 아니라, '라
인 프렌즈'는 이미 뉴욕 타임 스퀘어 부근에 매장을 개점하였다고 하
니 그 인기가 얼마나 뜨거운지 알 수 있을 것 같다.

'카카오 프렌즈'나 '라인 프렌즈'에서는 앙증맞은 다양한 캐릭터
제품을 만날 수 있는 것은 물론이고, 자신이 좋아하는 캐릭터와 사진을
찍을 수 있는 '포토존'이 여러 군데 있는데, 인증사진을 예쁘게 찍어
서 SNS에 올리면서 가까운 사람들과 추억을 공유하기 때문에 더욱 인기
를 누리고 있다.

한국인이 사랑하는 캐릭터들을 만날 수 있는 '카카오 프렌즈'와
'라인 프렌즈'를 방문해 보는 것도 살아있는 한국·문화를 체험하는
한 방법이 아닐까? 굳이 쇼핑하지 않아도 구경거리가 많으니까 한번쯤
들러서 보면 재미있는 추억을 쌓아보자.

08

남녀평등에 관한 설문 조사 결과를 보도록 하겠습니다

- 학습목표 : 성별에 따른 차이와 남녀 차별에 대한 토론을 할 수 있다.
- 기 능 : 토론하기, 논증하기
- 문 법 : V-는 길에, N에 관해(서)/관한, A/V-(으)ㄹ 법하다, N(이)라고는, N에 따르면, N롭다

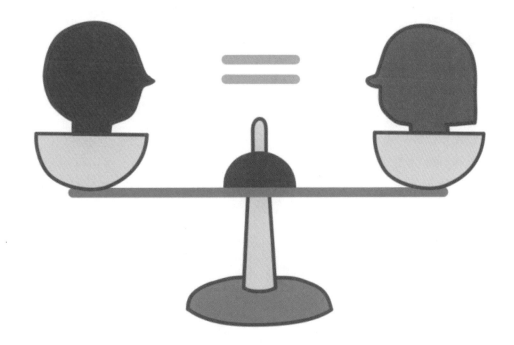

여자와 남자에 대해서 이야기해 보세요.

여자와 남자는 어떻게 다를까요?
여자와 남자의 역할은 무엇일까요?
여러분은 남녀 차별을 경험한 적이 있나요?

어휘와 표현

명사

사회
승차권 ticket
남녀평등 sexual equality
바자회 rummage sale
타당성 validity
남성 male
성별 gender
관계자 concerned person
영웅 hero
사건 incident
수익금 profits
정의 righteous
여유 time to spare
해 harmful
실천 practice
발표회 recital
적성검사 aptitude test

기타
기상청 the National Weather Service
훈련 training
민속놀이 folk game
폭식 exhibition
박람회 exhibition
파노라마 panorama
유레일패스 Eurailpass
과목 subject

향기 scent
결론적 conclusive
장애 obstacle
대만 Taiwan
일화 anecdote
취향 one's preference

동사

토론
요약하다 summarize
찬성하다 agreement
인용하다 quote
다투다 argue
동의하다 agree
작성하다 make (out)
의논하다 discuss

기타
설레다 one's heart flutters
선발하다 draft
타이르다 admonish
들르다 (informal) drop by

형용사

불평등하다 unfair
평등하다 equal
고되다 arduous

간략하다 brief
진하다 dark

부사

차라리 rather
적당히 moderately

표현

사회
남녀 차별 sexual discrimination

성 역할 gender role
예능 프로그램 entertainment
　　　　　　　programs
대우를 받다 be treated
일리가 있다 have a point
주목을 받다 be to the fore

기타
예술적 감각 artistic sense
병을 일으키다 cause disease
불편을 주다 cause inconvenience

더 배워 봅시다.

눈을 감아 주다 : 남의 잘못을 못 본 척한다
주마등처럼 스쳐 지나간다 : 추억이나 기억이 파노라마처럼 지나간다
백지장도 맞들면 낫다 : 쉬운 일도 서로 도우면 더 쉬워진다

예) 최 지 영 : 저는 이번 주말에 고등학교 때 선생님을 뵈러 가기로 했어요.
　　스테파니 : 정말요? 선생님께서 좋아하시겠네요!
　　최 지 영 : 그렇겠지요? 고등학교를 졸업한 지도 벌써 십 년이 넘었
　　　　　　는데 지금도 선생님을 생각하면 그 때 추억이 주마등처
　　　　　　럼 스쳐 지나가요.
　　스테파니 : 선생님은 어떤 분이셨어요?
　　최 지 영 : 아주 따뜻한 분이셨어요. 제가 고등학교 때는 공부도 안
　　　　　　하고 말썽만 부렸거든요. 그럴 때마다 눈 감아 주시기도
　　　　　　하고 때로는 조용히 불러서 타이르시기도 하셨어요. 덕
　　　　　　분에 제가 올바르게 자란 것 같아요. 그래서 보답의 의미
　　　　　　로 선생님께 맛있는 음식을 만들어 드리고 싶어요.
　　스테파니 : 그래요? 지영 씨의 선생님은 무슨 음식을 좋아하세요?
　　　　　　백지장도 맞들면 낫다고 제가 도와 드릴게요.

문법 1

V-는 길에

퇴근하는 길에 마트에 들러서 먹을 것을 샀어요.
집에 오는 길에 소화제 좀 사다 주세요.
친구를 만나러 가는 길에 백화점에서 생일 선물을 샀어요.

가 : 집 앞 슈퍼마켓에 가는데 뭐 필요한 것 없어요?
나 : 그럼 오는 길에 빵집에 들러서 샌드위치 좀 사다 주세요.

연습해 보세요 1

점심을 먹을 것이다

가 : 점심을 먹었어요?
나 : 아니요. 도서관에 가는 길에 매점에 들러서 먹을 거예요.

가 : _____ .

나 : _____ .

① 선물을 보낼 것이다
② 꽃을 살 것이다
③ ?

문법 2

N에 관해(서)/관한

지금부터 남녀평등에 관해서 토론하도록 하겠습니다.

여러분 나라의 전통 음식에 관하여 발표해 보세요.

이번 사건에 관한 이야기를 좀 하고 싶은데 시간이 괜찮으세요?

가 : 무슨 책을 그렇게 재미있게 읽어요?

나 : 남자와 여자의 사고방식에 관한 책인데 아주 재미있어요.

연습해 보세요 2

지난주에 끝난 문화제의 보고서를 작성한다

가 : 스테파니 씨, 지금 뭐 해요?

나 : 지난주에 끝난 문화제에 관해서 보고서를 작성하고 있어요.

가 :   ?

나 :   .

① 리에 씨와 한국 화장품의 품질을 이야기한다

② 반 친구들과 남녀평등의 실천 방법을 의논한다

③ ?

문법 3

A/V-(으)ㄹ 법하다

그 사건은 영화에 나올 법한사건이었다.

1시간 동안 설명했으면 알 법한데 아직도 모르겠어요.

직접 만들어서 비쌀 법한데 바자회라서 물건이 싸군요!

가 : 직장인이 된 지금도 고등학교때 자주 가던 분식집이 생각나요.

나 : 3년 동안 자주 다녔으면 기억이 날 법도 하지요.

문법 4

N(이)라고는

냉장고에 먹을 것이라고는 사과 몇 개뿐이었다.

남편이 아이와 놀아 주는 시간이라고는 주말 몇 시간뿐이에요.

집에 읽을 책이라고는 만화책 몇 권이 전부였다.

가 : 이삿짐 정리를 다 했어요?

나 : 아직요. 짐이라고는 박스 5개뿐인데 왜 이렇게 오래 걸리는지 모르겠어요.

연습해 보세요 3

마리오 씨는 요리를 배웠지만 재료가 없어서 맛이 없다

가 : 마리오 씨가 요리를 배워서 맛있을 법한데 왜 맛이 없을까요?
나 : 집에 있는 재료라고는 김치뿐이었대요.

가 : _____?

나 : _____.

① 크리스 씨는 노래를 좋아하지만 발표회에서는 노래를 안 불렀다
② 리에 씨는 화장품이 필요했지만 안 샀다
③ ?

문법 5

N에 따르면

기상청에 따르면 이번 주부터 장마가 시작된다고 한다.
관계자의 말에 따르면 이번 전시회의 수익금은 장학금으로 쓰인다고
한다.
뉴스에 따르면 인간의 평균 수명은 머지않아 100세 이상이 될 전망이
라고 한다.

가 : 민속촌에 온 김에 민속놀이도 좀 보고 싶은데...
나 : 저도요. 그런데 안내 방송에 따르면 2시에 시작한대요.

문법 6

N롭다

폭식을 하면 건강에 해로우니까 적당히 드세요.
저는 부모님으로부터 지혜로운 사람이 되라는 말씀을 많이 들었어요.
남자들은 슈퍼맨같이 정의로운 영웅이 나오는 영화를 좋아해요.

가 : 지금부터 자유 시간입니다. 3시까지 이 자리로 돌아오시면 됩니다.
나 : 여유롭게 주변을 둘러볼 수 있겠네요. 어디부터 갈까요?

연습해 보세요 4

안내 방송 : 유레일패스는 기차로 유럽의 여러 나라를 다닐 수 있는 승차권입니다.

가 : 안내 방송에서 뭐라고 했어요?
나 : 안내 방송에 따르면 유레일패스로 유럽에서 자유롭게 기차 여행을 할 수 있대요.

가 : _____?
나 : _____.

① 한국어 선생님 : 대학생이 되면 원하는 과목을 마음대로 신청할 수 있습니다.
② 뉴스 : 꽃 박람회에서 향기가 좋고 아름다운 꽃을 볼 수 있습니다.
③ ?

연습해 보세요 5

<table>
<tr><td>

찬성할 때

...다/라는 의견(주장)에 찬성(동의)합니다.

...에 일리가 있다고 생각합니다.

...데 대해 같은 의견입니다.

</td><td>

자료 인용할 때

...에 따르면 ... 다/라고 합니다.

제가 확인한 바에 따르면 ...

...에서 알 수 있듯이

</td></tr>
<tr><td>

반대할 때

...다/라는 의견(주장)에 반대합니다.

...다/라는 의견에 동의할 수 없습니다.

...다/라는 의견은 타당성이 없다고 봅니다.

</td><td>

요약해서 제시할 때

요약해서 말씀드리면 ... 다/라는 것입니다.

결론적으로 ...다/라고 이야기할 수 있습니다.

간략하게 이야기하면 ... 다/라는 것입니다.

</td></tr>
</table>

<보기>

주제 : 집 안에서 애완동물을 키우는 것

찬성 : 가족처럼 소중한 존재이다.

　　　애완동물이 있어서 외롭지 않고 즐겁다.

　　　강아지를 키우는 사람의 경우 우울증에 걸릴 확률이 낮다.

반대 : 귀엽지만 냄새가 나고 지저분하다.

　　　소리가 시끄러워서 주변 사람들에게 불편을 줄 수 있다.

　　　동물의 배설물을 통해 나온 병균 때문에 배탈이 나기도 하고 임산부의 경우 아기에게 장애를 일으킬 수도 있다.

사회자 : 오늘은 집 안에서 애완동물을 키우는 것에 관해서 이야기를 나누어 보겠습니다.

리　에 : 저는 애완동물은 가족처럼 소중한 존재이기 때문에 (집 안에서 키우다) _____

크리스 : 저는 반대합니다. 애완동물이 (소중하다) _____ 하지만

냄새가 나고 지저분하기 때문에 (집 안에서 키우다) _____

리 에 : (설문 조사) _____ 강아지를 키우는 사람의 경우 우울증에 걸릴 확률이 (낮다) _____

크리스 : 애완동물을 키우면 우울증에 걸릴 확률이 낮아진다고 하지만 동물의 배설물에서 나온 병균이 사람에게 여러 가지 병을 일으킬 수 있습니다. (의학 기사) _____ 임산부의 경우 아기에게 장애를 일으킬 수도 있다고 합니다.

사회자 : 여러 가지 장점과 단점을 들어 봤는데요. 발표자들께서는 정리해 주십시오.

리 에 : 요약해서 말씀드리면 애완동물은 가족과 같아서 함께 있으면 외롭지 않고 즐겁다는 것입니다. 그러므로 애완동물과 지내는 것이 행복하게 지내는 방법이라고 생각합니다.

크리스 : 결론적으로 저는 애완동물을 키우는 것이 여러 사람에게 주는 피해를 생각할 때 (키우지 않다) _____

우울증 depression	배설물 stool
병균 pathogenic bacterium	임산부 pregnant women

연습해 보세요 6

V-는 길에	N에 관해(서)/관한	A/V-(으)ㄹ 법하다
N(이)라고는	N에 따르면	N롭다

스테파니 : 리우팅, 우리 집에 (가다) _____ 서점에 들러 책을
　　　　　 좀 볼까?

리 우 팅 : 그래. 읽고 싶은 책이 있어?

스테파니 : 응. 요즘 (성공) _____ 책들이 많이 나왔거든. 나
　　　　　 도 성공하려면 어떻게 해야 하는지 알고 싶어서. (책을 소
　　　　　 개하는 프로그램) _____ 올해만 해도 성공에 관한 책
　　　　　 이 10권이나 나왔다고 하더라고.

리 우 팅 : 오! 그런 프로그램도 봐? 내가 보는 (프로그램) _____
　　　　　 _____ 예능 프로그램밖에 없는데.... 역시 스테파니
　　　　　 는 모범생이라고 (불리다) _____

스테파니 : 만약 내가 성공하게 되면 일 년에 한 번씩은 넓은 바다가
　　　　　 있는 곳으로 여행을 갈 거야. 그곳에서 (여유) _____
　　　　　 책을 읽으며 쉬면 스트레스도 받지 않고 아주 행복할 거
　　　　　 같아.

본문

● 여러분은 남자 친구 또는 여자 친구와 다툰 경험이 있습니까?

리　에 : 여보세요. 마리오, 뭐 해? 지금 바빠?

마리오 : 왜? 무슨 일 있어?

리　에 : 아니, 그냥.

마리오 : 왜 그러는데?

리　에 : 아니야. 그냥 전화했어.

마리오 : 나 지금 게임하는 중이었어. 10분 뒤에 전화할게. 끊어.

리　에 : ....

(5시간 뒤)

마리오 : 리에야, 왜 이렇게 전화를 안 받아. 오늘 시험은 잘 봤어?

리　에 : 그냥 그랬어. 나 피곤해.

마리오 : 왜 그래? 기분이 안 좋아?

리　에 : (짜증을 내며) 피곤해서 그래. 하던 게임이나 계속 해.

마리오 : 내가 늦게 전화해서 그래? 정말 미안해. 친구들이랑 게임하
다가 시계를 못 봤어. 기숙사 가는 길에 들를게. 잠깐만 기다
려 봐. 응?

리　에 : 필요 없어. 끊어.

남자의 생각 : 시험이 끝나서 기분이 좋을 법도 한데 도대체 왜 그
러지? 왜 기분이 나쁜지 말해 주면 안 되나?

여자의 생각 : 시험도 끝났는데 시험에 관해 자세히 묻지도 않고
나랑 같이 놀 생각이라고는 조금도 안 하지? 친구들
하고 게임은 하면서...

1. 마리오와 리에는 오늘 무엇을 했습니까?

2. 리에가 기분이 안 좋았던 이유는 무엇입니까?

3. 통화를 마친 마리오는 어떤 행동을 했을까요?

4. 남자와 여자는 생각이 같다고 생각합니까? 다르다고 생각합니까?

듣기

1. 맞으면 O, 틀리면 X 하세요.

① 이 사람은 남자답게 생겼다. ( )

② 이 사람은 대학에서 메이크업을 전공했다. ( )

③ 이 사람은 메이크업 행사를 보고 관심을 가지게 됐다. ( )

2. 대만에서 있었던 일이 아닌 것을 고르세요.

① 한국 대표로 참석했다.

② 흉터가 있는 여성에게 메이크업을 해 주었다.

③ 공연 관계자는 진한 색 사용을 자제하라고 했다.

④ 대만에서의 공연으로 사람들의 주목을 받았다.

3. 김단국 씨가 말하는 '고객 1명을 만족시키는 아티스트가 되자.'는 어떤 의미입니까?

....

....

....

....

....

4. 성별에 따라 어울리는 직업이 있다고 생각합니까? 이유는 무엇입니까?

....

....

....

....

....

메이크업 아티스트 make-up artist	흉터 scar
가리다 hide	자제하다 control oneself

이야기해 보세요

1. 두 사람의 대화를 읽어 보세요. 여러분의 생각은 어떻습니까?

> 리우팅 : 애니 씨, 휴지가 있으면 좀 빌려 주세요.
>
> 애 니 : 휴지요? 지금 없는데...
>
> 리우팅 : 여자가 휴지도 안 가지고 다니고. 애니 씨, 여자 맞아요?
>
> 애 니 : 여자랑 휴지랑 무슨 관계가 있지요?
>
> 리우팅 : ?

2. 남성과 여성의 역할은 변하고 있습니다. 과거와 현재의 성별에 따른 역할에 대해 이야기해 보세요.

	남성	여성
과거		
현재		

3. 미래에는 남성이 하는 일과 여성이 하는 일이 어떻게 변하게 될까요?

....

....

....

읽기

2008년 4월 8일 오후 8시 16분. 카자흐스탄 우주선 발사 기지에서 우주를 향해 소유즈호가 발사되었다. 어린 시절부터 꿈꾸어 왔던 우주인의 꿈이 드디어 이루어지는 순간이었다. '앞으로 열흘 남짓한 시간을 잘 이겨낼 수 있을까?'하는 생각에 가슴이 두근거렸다.

나는 운동과 노래 부르기를 좋아하며 SF 영화에 나오는 박사를 꿈꾸는 평범한 대학원생이었다. 2006년 봄, 한국 우주인 선발 소식을 들었다. 간단한 서류 심사와 체력 테스트 정도는 통과할 법했다. 아직 지원서를 내지도 않았는데 내 가슴은 설레기 시작했다. 꿈을 이룰 수 있는 기회를 꼭 잡고 싶었다.

지원서를 내고 집으로 돌아가는 길에 라디오 뉴스를 들었는데 지원자는 모두 3만 6천여 명이라고 했다. 1, 2차 선발은 어렵지 않게 통과했다. 3차 선발에서 10명만을 남긴 후 4차 선발에서 2명을 선발하여 교육을 받는다고 했다.

3차 선발 과정인 우주인 적성검사가 시작되었다. 낯선 경험이지만 기대가 되었다. 꿈이 이루어질 것이라는 확신이 생기기 시작했다. 10명이 8명으로, 6명으로 좁혀지면서 선발 과정은 서서히 끝을 향해 가고 있었다. 2006년 12월 25일 우주인이 되는 것에 관한 대국민 스피치가 마지막 관문이었다. 최종 2인의 선발은 국민들의 투표에 따라 결정되었다. 그날의 떨림을 지금도 잊을 수 없다. 나는 결국 최종 2인에 선발되었다. 고된 훈련이 계속되었고 포기하고 싶은 순간도 많았지만 나에게 행운이 찾아왔다. 동료에게는 미안한 일이었지만 내가 최종 탑승 우주인으로 선발된 것이다.

지난 몇 년간의 시간이 _____ ㉠ _____. 오후 11시 50분에 나는 우주에서 한국과 통화하는 최초의 한국인이 되었고 전 세계에서는 475번째로 여성으로는 49번째 우주인이 되었다.

1. 이 사람에 대한 설명이 <u>아닌</u> 것을 고르세요.

   ① 한국인 최초의 우주인이다.

   ② 여러 번의 선발 시험을 통과했다.

   ③ 이 사람은 SF 영화의 주인공이다.

   ④ 어린 시절부터 우주인이 되고 싶었다.

2. ㉠에 들어갈 알맞은 표현을 고르세요.

   ① 뜸을 들인다   ② 눈코 뜰 새 없다

   ③ 쥐도 새도 모른다   ④ 주마등처럼 스쳐 간다

3. 이 사람이 도전에 성공한 이유는 무엇이라고 생각합니까?

....

....

....

....

카자흐스탄 Kazakhstan	우주선 발사 기지 cosmodrome
소유즈호 Soyuz	발사되다 go off
우주인 astronaut	남짓하다 be slightly
두근거리다 palpitate	SF 영화 science fiction films
대학원생 graduate student	테스트 test
지원서 application	확신 conviction
관문 gateway	최종 the last
행운 good fortune	

쓰기

- 성 역할에 관한 남녀의 사고방식 때문에 남녀 차별이 생기기도 합니다. 여러분은 어떻게 생각하십니까?

1. 다음 글을 읽고 이 남자의 고민에 대해 이야기해 보세요.

나는 3개월 전에 회사에 입사한 신입 사원이다. 새로 들어왔다고 여기저기 불려 다니며 정신없이 바쁘게 지내고 있다. 그런데 요즘 나는 내가 차라리 여자였으면 좋겠다는 생각이 든다.

몇 년 전에 누나가 처음 회사에 취직했을 때 "내가 커피나 타려고 회사에 들어갔나!"하며 남녀 차별이 심하다는 이야기를 한 적이 있었다. 그때까지만 해도 나에게 차별에 관한 이야기는 다른 사람의 이야기일 뿐이었다. 하지만 내가 회사에 취직하고 보니 남자라고 대우를 받는 것도 아니었다. 여자들은 커피나 타고 심부름이나 한다고 하지만 남자도 별로 다르지는 않았다. 내가 하는 일이라고는 A4 용지 박스를 옮기고 생수통을 바꾸는 일이었다. 회식 때는 부장님도 피곤하실 법한데 여직원들을 보내고 남자끼리 한잔 더 하러 가자고 하셔서 집에 빨리 들어갈 수도 없다. 과연 내가 여직원보다 나은 것이 무엇일까?

2. 남성과 여성은 평등하다고 생각합니까?

친구 이름	평등하다	불평등하다	이유

3. 남성과 여성에 대한 차별 문제를 예로 들고 차별을 해결할 수 있는 방법을 써 보세요.

신입 사원 new recruit   A4 용지 A4 paper
끼리 group of people

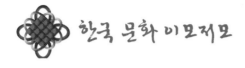

대학생들이 선호하는 최고의 '꿀아르바이트' 는?

한국의 대학생은 다양한 이유로 아르바이트를 한다. 예전에는 주로 아르바이트를 하는 이유가 용돈을 벌기 위해서나 대학교 등록금을 마련하기 위해서였지만, 지금은 취업 준비를 위한 '스펙 쌓기용' 으로 아르바이트를 하는 학생들이 많아졌다는 것이 가장 큰 변화이다.

최근 대학생의 아르바이트 형태는 다양하게 변화하고 있지만, 가장 전통적인 아르바이트는 '과외 아르바이트' 와 '서빙 아르바이트' 이다. '과외 아르바이트' 는 비교적 높은 수입이 보장되지만, 학생의 성적을 올려야 하는 부담이 있고 학생의 성적이 오르지 않을 경우는 새로운 아르바이트를 구해야 하는 단점이 있다. 그런 정신적인 스트레스를 받는 것이 부담스러운 학생들은 '서빙 아르바이트' 를 주로 한다. 정신적 스트레스는 별로 없지만, 오랫동안 서서 일해야 하고, 무거운 그릇을 나르기 때문에 많이 피곤한 것이 단점이다. '서빙 아르바이트' 중에서는 커피 전문점 아르바이트가 제일 인기가 있다. 향긋한 커피 향기 속에서 냉 난방이 잘 되어 있는 쾌적한 환경에서 일하기 때문에 경쟁률이 높은 편이지만 보수는 높지 않다.

여름 방학이나 겨울 방학에 제일 선호하는 '꿀아르바이트' 는 무엇일까? '꿀아르바이트' 를 줄여서 '꿀알바' 라고도 하는데, 요즘 유행하는 신조어로 '매우 인기있는 아르바이트' 를 뜻한다. 여름철에는 단연 '물놀이장' 아르바이트가 최고의 인기 아르바이트다. 워터 파크나 해수욕장의 매점이나 매표소에서 일하거나, 수영을 잘하면 안전요원으로 일하기도 한다. 안전 요원은 높은 보수는 물론, 생명을 지킬 수도 있어서 보람도 느낄 수 있다. 겨울철에는 '스키장' 아르바이트가 인기가 있는데, 스키장은 주로 강원도 근처에 있어서 아르바이트 기간 동안 스키장에서 지내며 합숙 생활을 하기도 한다. 역시 스키를 잘 탄다면 안전 요원이나 스키 캠프 일일 강사로도 활동할 수 있어서 스키도 즐기면서 돈도 벌 수 있다.

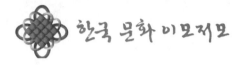
한국 문화 이모저모

　대학교를 졸업하고 나서 대기업이 운영하는 패밀리 레스토랑이나 극장 등 고객을 상대하는 회사에 취직하고 싶은 학생들은 방학 동안 입사하고 싶은 회사에서 아르바이트를 하면서 스펙 쌓기를 하기도 한다. 고객에게 더 좋은 서비스를 제공하고자 하는 기업들은 아르바이트를 통해 현장 경험이 있는 사람을 신입사원으로 뽑는 추세이고, 면접 시에도 가산점을 부여하고 있기 때문이다.

　그밖에 재미있는 아르바이트는 번지 점프를 하러 와서 망설이는 사람을 위해서 시범을 보이는 '번지 점프 체험맨' 아르바이트나, 민속촌에서 거지 복장을 하고 아무데서나 구걸하는 '거지 아르바이트', 경기도 연천군 구석기시대 체험 프로그램에서 '원시인'으로 분장을 하고 '우가우가!' 등을 외치는 아르바이트 등이 있다. 이런 재미있는 아르바이트는 용돈도 벌 수 있는데다가 재미있고 다양한 추억을 쌓을 수 있어서 경쟁률도 아주 치열하다.

　한국에서 유학 생활을 하면서 누구나 한 번쯤은 아르바이트를 하게 되는데, 이왕이면 내가 좋아하고 잘할 수 있는 나만의 '꿀아르바이트'를 찾아서 멋지게 해 보면 어떨까? 돈과 경험 그리고 스펙까지 쌓을 수 있다면 '일석삼조(一石三鳥)'가 아닐까?

크 리 스 : 벌써 여름이에요. 스테파니 씨는 방학에 뭘 할 거예요?

스테파니 : 친구들이 모두 바빠서인지 같이 여행을 가자는 친구도 없어요. 올해는 그냥 집에서 영화나 보면서 쉬려고요.

크 리 스 : 방학이 한 달이나 되는데 집에만 있지 말고 한강 공원 홈페이지에 들어가 보세요.

스테파니 : 한강 공원 홈페이지요?

크 리 스 : 네. 신문을 읽다가 보니까 한강 공원에서 시민들을 위한 여름 행사를 한다는 내용이 있었어요.

스테파니 : 그래요? 어떤 행사가 있는데요?

크 리 스 : 영화 상영, 스포츠, 캠핑 등 여러 가지 행사가 있었어요. 캠핑은 주말에만 할 수 있었는데 7월부터는 평일에도 할 수 있대요. 그리고 7월에는 영화 상영을 하고 8월에는 비보이 공연을 한대요.

스테파니 : 텐트나 침낭 등 캠핑할 때 필요한 물건이 없는데 어떡하지요?

크 리 스 : 괜찮아요. 캠핑장에서 필요한 물건들을 하루 2만 원 정도로 빌릴 수 있대요.
보통은 하루에 5만 원 정도인데 행사 중이라 평소보다 아주 싸게 이용할 수 있는 셈이에요. 참, 스테파니 씨, 운동도 좋아해요?

스테파니 : 공을 가지고 하는 운동만 아니면 다 좋아해요.

크 리 스 : 잘 됐네요. 윈드서핑뿐만 아니라 수상스키, 제트스키같이 평소에는 한강에서 즐길 수 없었던 수상 스

포츠 행사도 있거든요.

스테파니 : 정말요? 행사가 언제부터 시작인데요?

크 리 스 : 행사 기간은 7월 5일부터인데 자세한 내용은 홈페이지를 찾아 보세요.

홈페이지 주소는⋯

M　　C : 안녕하십니까? 「주말의 문화산책」 시간입니다. 오늘은 축제 소식을 전해 드리겠습니다. 김단국 기자!

김단국 : 네. 김단국입니다. 이번 주말에 즐길 수 있는 여러 가지 축제 소식을 전해 드리겠습니다. 요즘 재즈를 좋아하는 분들 정말 많으시지요? 세계적인 음악가들의 연주를 들을 수 있는 국제 재즈 페스티벌이 경기도 가평의 자라섬에서 금, 토, 일. 3일간 펼쳐집니다. 어두운 곳에서 조용히 감상하는 음악회가 아니고 아름다운 자연 속에서 남녀노소를 막론하고 편하게 즐길 수 있는 새로운 음악 축제입니다. 정해진 관람석이 없기 때문에 가까이에서 공연을 보고 싶으신 분들은 서두르셔야 할 듯합니다.

M　　C : 그렇군요. 서울에서 즐길 수 있는 축제 소식도 준비하셨다면서요?

김단국 : 네. 이번 주말 여의도로 가족 나들이를 하시는 것도 좋을 듯합니다. 해마다 가을이면 어김없이 찾아오는 세계 불꽃 축제가 이번 주말 여의도 한강 공원에서 열립니다. 올해로 10회를 맞은 이 축제는 토요일, 일요일 이틀에 걸쳐 여의도의 하늘을 불꽃으로 수놓을 예정입니다.

M　　C : 기대가 됩니다. 하지만 축제 당일 여의도 주변이 복잡하겠군요.

김단국 : 그렇습니다. 이번 주말 저녁에는 여의도 주변 도로와 한강대교의 일부가 통제됩니다.

M　　C : 수많은 사람들이 모이는 가운데 진행되는 축제니까

안전에 유의하셔야겠습니다. 오늘 준비한 소식은 여기까지입니다. 감사합니다.

M C : 쓰레기 때문에 고민이 많은 요즘 주민들의 노력으로 강을 살린 곳이 있다고 합니다. 김단국 기자, 지금 달래강에 나가 계시지요?

김단국 : 네. 저는 지금 충청도 달래강에 나와 있습니다. 이곳은 5년 전까지만 해도 버려진 쓰레기 때문에 생명이 살지 못하는 강이었습니다. 이 곳 주민들의 이야기를 들어보시지요.

주 민 1 : 내가 어릴 때는 아주 좋았지. 공기도 맑고 살기도 좋고. 그런데 좋다는 소문이 나니까 도시 사람들이 자기 고향이나 되는 것처럼 놀러 왔다가 쓰레기를 그냥 버리고 가는 거야. 우리가 아무리 잘 치우고 가라고 말을 해도 그냥 가기 일쑤이고. 그렇게 강이 더러워지니까 강에 살던 물고기가 죽고 동물도 다 떠났어. 사람들마저 찾지 않는 그런 강이 됐지.

김단국 : 주민들은 썩어 버린 달래강을 살리기 위해 달래강 구조대 활동을 시작했습니다.

주 민 2 : 처음에는 정말 힘들었지요. 하지만 우리에게 있어서 이 강만큼 중요한 게 어디 있겠어요? 농사도 짓고 먹고 마시고 이 물로 다 하는 건데. 달래강을 살리기 위해 처음에는 더러워진 물을 깨끗하게 만들려고 얼마나 고생을 했는지 몰라요. 약을 뿌리고 돌아가면서 강 주변을 청소했을 뿐만 아니라 분리수거도 했어요. 그 후 3년쯤 지나니까 강이 조금씩 살아나면서 떠났던 동물들이 돌아오기 시작했어요. 이제는 마을 주민 모두가 나서서 구조대 활동을 하고 있어요. 저도 일을 마친 후에 집에 들어가려다가 말고 강가에 한 번씩 들러서 쓰레기가 없는지 확인하곤 해요.

김단국 : 달래강 구조대가 활동한 지 5년, 사람들의 관심 속에

달래강은 다시 과거의 모습을 되찾고 있습니다. 달래강에서 김단국 기자였습니다.

M C : 1년 내내 화려하고 아름다운 여성들의 옷차림에 적신호가 켜졌습니다. 오늘은 계절에 맞는 옷차림에 대해 김단국 기자가 취재했습니다.

김단국 : 저는 지금 명동에 나와 있습니다. 현재 기온은 영하 10℃지만 짧은 치마와 부츠 차림의 여성들을 쉽게 볼 수 있습니다.

여 자 1 : 좀 추워도 괜찮아요. 건물 안에 들어가면 따뜻하잖아요.

여 자 2 : 외투도 두꺼운데 길게 입으면 답답하고 안 예쁘니까…

김단국 : 20대 여성을 대상으로 겨울철 옷차림에 대해 설문조사를 했습니다. 이 조사에 의하면 여성들은 한겨울 추운 날씨에도 짧은 치마다 스키니 진이다 몸매를 드러내는 옷차림을 선호하는 것으로 나타났습니다. 이에 따라 겨울에도 날씬해 보이고 싶은 여성들의 심리를 겨냥한 많은 제품들이 매장에 전시되어 있습니다. 하지만 건강에는 아무 문제가 없을까요?

의 사 : 옷을 너무 얇게 입거나 꽉 조이는 옷을 입으면 혈액 순환이 제대로 될 리가 없습니다. 밖에서 활동을 하다가 실내에 들어갔는데 허벅지나 손이 가려운 경험을 해 보셨을 것입니다. 이 증상은 동상에 걸려서 나타나는 것으로 혈액 순환이 제대로 되지 않아서 생기는 것입니다.

김단국 : 전문가들은 하이힐이나 부츠같이 높은 구두 역시 발 건강에 나쁠 뿐만 아니라 자세가 나빠지면서 무릎과 허리에 통증이 생길 수 있다고 경고하기도 했습니다. 명동에서 김단국 기자였습니다.

M C : 듣고 보니 옷차림과 건강이 생각보다 훨씬 밀접한 관

계가 있는 듯합니다. 여성 여러분, 건강을 잃으면 모든 것을 잃는다는 말을 기억해야겠습니다.

애니 : 미래에는 어떤 형태의 집이 생길까요?

토린 : 글쎄요. 지금과 비슷하지 않을까요?

애니 : 미래에는 산업화 때문에 공기가 좋으려야 좋을 수가 없을 테니까 실내 공기청정기가 발전할 것 같아요.

토린 : 그럴 수도 있겠네요. 저는 집과 집을 연결해 주는 지하도가 생겼으면 해요. 즉, 지하에 길이 생기는 것이지요. 그러면 사람들이 밖으로 나가지 않고 지하로 다닐 수 있으니까 겨울에도 안 춥고 여름에도 안 덥고요.

애니 : 지금도 아파트 지하 주차장이 그렇게 만들어진 걸 보면 10년쯤 뒤에는 충분히 그렇게 되고도 남을 거예요.

토린 : 그리고 또 미래에는 가상현실이나 증강 현실 기술이 발전할 거래요.

애니 : 증강 현실이 뭐예요?

토린 : 증강 현실이란 현실 세계에 3차원 영상을 겹쳐 보여 주는 기술이에요. 미래에는 직접 만나지 않아도 실제로 만나는 것과 같은 경험을 할 수 있을 거래요.

애니 : 각자의 집에서 만나면 편하기는 해도 내가 있는 공간이 항상 다른 사람에게 보이니까 청소를 수시로 하는 게 더 힘들 거예요. 뿐만 아니라 사생활도 없어질 거예요. 그럼 너무 피곤하겠지요?

토린 : 집에 대해서 이야기한다는 것이 애니 씨한테 제 속마음을 들켜 버렸네요. 어쨌든 미래에는 지금보다 훨씬 편리하고 깨끗한 생활을 할 수 있다는 것은 분명하겠지요?

사회자 : 시대마다 인기가 있는 직업은 달라져 왔습니다. 경제가 발전하고 안정적인 시기에는 도전할 수 있는 다양한 직업이 생기고, 경제가 안 좋은 시기가 계속되면 안정적인 수입이 보장되는 공무원이나 선생님 같은 직업이 인기가 있다고 합니다. 10년 뒤에는 어떤 직업이 생기고 또 어떤 직업이 인기가 있을까요? 오늘은 10년 뒤 가장 인기가 있을 직업에 대해 토론해 보도록 하겠습니다.

마리오 : 과거에 석유 에너지에 대한 사람들의 관심이 많았듯이 미래에는 전기 에너지에 대한 관심이 많아지고 그 것을 사용하고 개발하는 직업이 인기가 있을 것이라고 예상됩니다.

애　니 : 그리고 세계적으로 사고 소식이 끊이지 않던데 재난을 미리 예방하는 직업이 생기지 않을까요?

사회자 : 그럴 수도 있겠네요. 미래에는 새로운 에너지를 연구하거나 환경의 변화를 예상하는 연구원, 재난에 대비해서 도시를 설계하는 기술자가 많아질 전망이에요. 앞으로 달라질 세상을 미리 준비하는 것이지요. 하지만 변화를 준비하는 것 못지않게 현재의 문제점을 개선하는 것도 중요하겠지요?

토　린 : 말씀을 듣고 나니까 생각이 났는데요. 미래에는 고령화 사회가 될 테니까 이를 해결하기 위해 노인을 위한 직업이나 노인이 할 수 있는 직업도 생기지 않을까요?

사회자 : 좋습니다. 지금의 실버 세대가 가지고 있는 지혜와 새로운 기술에 의해서 미래가 달라질 수도 있겠네요. 예를 들면 어떤 직업이 있을까요?

토　린 : 로봇들이 관리하는 노인 전용 병원이나 식당이 생길 것 같아요. 그리고 경험이 많은 어른들에게 전문적인 조언을 받을 수 있는 직업도 늘어나지 않을까요?

사회자 : 좋은 의견이군요. 이 밖에도 10년 후에는 사람이나 회사를 경영하는 방법을 제안하고 도움을 주는 직업이 전망이 밝을 거라고 합니다. 오늘 내용에 이어서 다음 시간에는…

MC : 오늘은 '우리 집 거실을 공장으로'라는 재미있는 목표를 이루고자 노력하시는 스테파니 씨를 모시고 이야기를 나누어 보겠습니다. 안녕하십니까?

스테파니 : 안녕하십니까? 스테파니입니다.

MC : 구체적으로 어떤 일을 하십니까?

스테파니 : 저는 창업자들의 아이디어를 제품으로 만들어 내는 데 도움이 되는 교육을 진행하고, 경제적 지원을 통해 그들이 자립할 수 있도록 돕고 있습니다.

MC : 제품을 만드는 일이라면 제조업을 말씀하시는 겁니까?

스테파니 : 네. 맞습니다. 과거에는 대기업에서 운영하는 공장에서 대량으로 제품을 만들었기 때문에 개인이 할 수 없는 일이었던 것에 반해 지금은 3D 스캐너와 3D 프린터를 사용해서 누구나 자신이 원하는 재료로 원하는 크기의 물건을 쉽게 만들 수 있게 되었습니다.

MC : 자신이 필요한 물건을 직접 만들 수 있다고요? 그러면 제 모습도 만들 수 있나요?

스테파니 : 3D 스캐너와 3D 프린터는 어떤 물건이든지 못 만드는 법이 없습니다. 먼저 만들고자 하는 물건의 모습을 3D 스캐너를 이용해서 컴퓨터에 입력합니다. 그 후에 3D 프린터에 원하는 재료를 넣고 크기를 설정하면 원하는 크기의 물체를 만들 수 있습니다. 최근에는 푸드 프린터까지 등장해서 과자나 초콜릿 등도 집에서 직접 만들어 먹을 수 있게 되었습니다.

MC : 기대가 됩니다. 내가 머릿속으로 상상만 하던 물건이 실제로 내 앞에 나타난다면 얼마나 좋을까요?

스테파니 : 맞습니다. 정보 기술과 제조업이 만난다면 세상은 완전히 달라질 겁니다.

MC : 오랜 노력 끝에 새로운 제조업의 길을 찾아낸 스테파니 씨에게 응원의 박수를 보냅니다.

스테파니 : 감사합니다.

M C : 여러분 '메이크업 아티스트'하면 어떤 모습이 떠오르십니까? 아름답고 멋지며 예술적 감각이 뛰어난 여성을 떠올리는 분이 많으실 텐데요. 오늘은 메이크업에 관한 특별한 이야기를 들려주실 남성분을 모셨습니다. 메이크업 아티스트 김단국 씨를 소개합니다.

김단국 : 안녕하십니까? 김단국입니다.

M C : 저는 좀 예쁜 외모를 가진 남성분일 줄 알았습니다. 이런 목소리와 외모라면 남자다운 직업을 생각했을 법한데요. 언제 처음 메이크업에 관심을 가지게 되셨습니까?

김단국 : 사실 저는 대학을 졸업할 때까지만 해도 여자 화장품이라고는 구경도 못 해 봤습니다. 그러던 어느 날 퇴근하는 길에 메이크업 행사를 보게 됐습니다. 얼굴에 흉터가 있는 여성이었는데 메이크업 후에 그 흉터가 가려지고 여성분이 기뻐하는 것을 보면서 관심을 가지게 됐습니다. 사람들에게 자신감을 주는 일이라는 점이 가장 저를 흥분시켰거든요.

M C : 대만에서 있었던 일화가 유명하던데요.

김단국 : 네. 대만에서 했던 공연 덕분에 메이크업 아티스트의 길이 열린 셈이지요. 메이크업 공연에 한국 대표로 출전하여 대만에 갔을 때였습니다. 회사 관계자의 말에 따르면 대만 사람들은 진한 색을 좋아하지 않는다고 했습니다. 하지만 저는 진한 색으로 꼭 성공해 보이겠다는 결심을 했어요. 어떻게 하면 좋을까 고민하다가 모델에게 빨강을 포인트로 하는 메이크업을 했습니다.

M C : 사람들의 반응이 어땠는지 궁금한데요.

김단국 : 공연은 성공이었습니다. 이 공연이 성공하면서 사람

들에게 주목을 받기 시작했으니까요.

M　　C : 메이크업을 하실 때 어떤 마음으로 일하십니까?

김단국 : 저의 목표는 '고객 1명을 만족시키는 아티스트'입니다. 제가 만나는 모든 분의 취향이 다르기 때문에 한 분 한 분을 만족시키기 위한 노력을 하겠다는 마음으로 최선을 다하고 있습니다.

번역문

01

词汇和表达

명사 名词

*여가 생활 业余生活

에버랜드	爱宝乐园	롤러코스터	过山车
여수	丽水		

*학교생활 学校生活

대학가	大学街	열정	热情
효율적	有效率的	사본	副本

*기타 其他

콧노래	哼歌	변화	变化
사고방식	思考方式	군고구마	烤红薯，烤地瓜
영부인	总统夫人	우려	忧虑，顾虑
수제화	手工鞋	굽	鞋跟
공통점	共同点	차이점	不同点
유럽	欧洲	출장	出差
외출	外出，出门	외투	外套
줄넘기	跳绳	식당가	美食街
결과적	结果，最后	형식	形式，样式，格式
방식	方式	일상생활	日常生活

동사 动词

*이사 搬家

방문하다	访问，看望，探望	적응하다	适应
활용하다	利用，运用，应用	배치되다	配置，安排

*기타 其他

채팅하다	网聊	반하다	着迷，迷住，看上
답하다	回答，答复	뜯다	撕，拆

형용사 形容词

자세하다	详细，仔细

부사 副词

스스로	自己；主动，自愿	우당탕	咣当，哐啷

표현 表达

*일상생활 日常生活

별일없다	没有什么事	시간을 보내다	打发时间，消磨时光

*기타 其他

뱃멀미를 하다	晕船	외국계 회사	外企
한 해	一年	한숨지다	叹口气
남부 지방	南部地区	아이돌	偶像
패션디자인	时装设计	1인용	单人用

더 배워 봅시다 拓展练习:

마음을 먹다: 어떤 일을 하기로 결심하다.

决心：决心做某事。

译文：下决心。

마음이 맞다: 서로 생각이 비슷하다.

心意相投：彼此的想法相似。

译文：合得来，意气相投。

천리길도 한걸음부터 : 모든 일은 시작이 중요하다.

千里之路，从第一步开始：所有的事情，开始都很重要。

译文：千里之行，始于足下。

语法

1. N같이: 어떤 모양이나 행동이 비슷함을 나타내는 표현. "처럼"의 뜻.

   含义：表现出和某种状态或者行为的相似性。

   译文："像……那样" "像……一样"。

2. N만 아니면: '그것이 이유나 원인이 되어'라는 뜻의 표현. '(하필)… 때문에'의 뜻.

   表示成为理由或者原因的意思，有 "因为……" 之意。

   译文："只要不是……的话（就）……"。

3. V-다(가) 보니(까): 앞의 행위를 하던 중에 새로운 사실을 알게 되었을 때 사용하는 표현.

   表示在进行某一动作过程中知道了新的事情或者有了新的认知。

译文："做某事之后发现……""V着V着就……"。

4. A/V-(으)ㄴ/는 셈이다 : 어떤 형편이나 결과를 나타내는 표현.

表示表现出某种情况或者结果。

译文："算是……""算起来……"。

5. A/V-아/어서인지 : 추측하는 선행절의 이유로 후행절의 결과가 나타남.

因为前文推测的理由，出现了后文的结果。

译文："也许是因为……"。

6. V-는 등(등), N 등(등):앞에서 말한 것 외에 더 있는 것을 줄임을 나타내는 표현

除了前文所述的内容，还有其他类似内容，对其他内容进行省略的表达法。

译文："……等等"。

▷ **语法词汇**

체육대회	运动会	이어달리기	接力赛
줄다리기	拔河	기마전	骑兵战
협동	协同，协作，合作	종목	项目

课文

大家在家乡的时候怎么过周末?

利　尔：马里奥，你周末做什么了?

马里奥：去了趟弘大附近。因为朋友们说再没有像弘大那么让人兴奋的地方了。利尔，你也去
　　　　过吗?

利　尔：当然了。那里有很多店铺，卖又特别又好玩的东西。一周内会有两三次，去购物或者见
　　　　朋友，所以算是经常去的了。

马里奥：是啊! 我去的时候，路上有人跳舞，有人唱歌，也有人弹吉他。看了舞，听了歌，欣赏
　　　　了吉他演奏，我感受到了平时感受不到的韩国人的热情。

利　尔：那一定很享受吧? 如果不是考试，我就可以和你一起去了……下次一定一起去。我会给
　　　　你介绍我喜欢的俱乐部。

马里奥：俱乐部? 利尔，你喜欢跳舞吗?

利　尔：不，不怎么喜欢。但不是所有俱乐部里都只有跳舞的。有的俱乐部可以欣赏各种音乐，
　　　　比如说爵士、摇滚、乐队音乐等等。

马里奥：是这样啊。利尔，不知道是不是因为听了你的话，我都想快点去了。咱们什么时候
　　　　去啊?

利　尔：哈哈哈! 那这周末怎么样?

马里奥：好! 这周末一起去吧。好期待啊!

| 클럽 | 俱乐部 | 재즈 | 爵士乐 | 밴드 | 乐队、乐团 |

听力

克　里：暑假已经开始了。史蒂芬妮，你假期要做什么呀？

史蒂芬妮：朋友们不知是不是因为都很忙，没有人说要一起去旅行。今年我打算就在家看看电影休息一下了。

克　里：假期有一个月呢，不要只待在家里，请到汉江公园的网站上去看看吧。

史蒂芬妮：汉江公园网站？

克　里：是的。我看报纸上说汉江公园有为市民准备的暑假活动。

史蒂芬妮：是吗？都有什么活动呀？

克　里：有放电影、运动、露营等很多活动。原本只有周末才可以露营，从7月开始周中也可以了。7月有电影上映，8月可以看b-boy演出。

史蒂芬妮：露营时需要用到的帐篷和睡袋这些东西家里没有的话怎么办？

克　里：没关系。据说在露营地一天2万韩元就可以租到需要的物品。一般一天是5万韩元左右，活动期间与平时相比算是便宜的了。对了，史蒂芬妮，你也喜欢运动吗？

史蒂芬妮：只要不是玩球的运动我都喜欢。

克　里：太好了。听说不光有冲浪，还有滑水、水上摩托等平常在汉江上玩不到的水上运动。

史蒂芬妮：真的吗？活动从什么时候开始？

克　里：活动时间从7月5日开始，具体内容请在网站上找，网址是……

▷ 听力词汇

시민	市民	비보이 공연	街舞表演、b-boy演出
침낭	睡袋	윈드서핑	风帆冲浪
제트스키	水上摩托	수상 스포츠	水上运动

会话练习

刘霆：利尔，你是怎么知道韩国的？

利尔：我偶然间看了DK组合的演出，他们歌唱得好，舞也跳得好，令人着迷。所以我对韩国也产生了兴趣。

刘霆：来韩国后感觉怎么样？

利尔：来韩国生活后……

大家的一天是如何度过的?

年轻人的新生活方式——独居族

　　以年轻人为主的"独居族"正在逐渐增加。"独居族"不是因为没有朋友而独自生活,而是指因为觉得独自生活好,所以吃饭、购物、业余生活等日常活动都自己一个人解决的人。最近二十多岁的年轻人中,75%左右的人都说自己是享受"一个人喝酒、一个人吃饭"的独居一族。他们独自生活的理由是:第一,能够有效地利用时间。第二,适应了独自生活,觉得非常舒服。第三,不想因和周围的人一起活动而产生时间和费用等方面的压力。最后,很难遇到自己喜欢的人。特别是就业在即的大学生,只要不是和同学们一起听课的时间,就会独自去补习班或者利用打工度过业余时间。结果可以说一天的大部分时间算是一个人度过的。不知道是不是因为"独居族"变多的原因,在大学路的餐馆里出现了酒吧式的座位或者一人用的餐桌,还有不断增加的趋势。

　　专家们认为,"独居族"增加的原因是韩国的快速发展。在20世纪七八十年代,韩国的年轻人所有的事情都一起面对、共同解决、共享信息,但韩国社会发展成为竞争社会之后,现在的年轻人产生了"独自快速解决问题更方便"的思考方式,于是倾向于独自解决问题。堪忧的是,人们会发现不能和其他人正常建立社会关系的年轻人呈现增长趋势。

▷ **阅读词汇**

젊은이	年轻人	중심	中心
나홀로족	独居族	여가	空余、空闲
일컫다	把……称为,将……称为	혼술	独酒、一个人喝酒
혼밥	独饭、一个人吃饭	개인적	个人的、私人的
취업	就业	앞두다	在即,在……之际
바	西式酒吧	추세	趋势
경쟁 사회	竞争社会	사회적	社会
관계를 맺다	建立关系		

您知道"快快文化"吗?

　　自古以来,人们把韩国称为"东方礼仪之国"或者"君子之国"。朝鲜朝(1392-1910年)包括开化期(1878-1910年)外国人眼中的韩国人(文人或者贵族阶层)是一个再忙也绝对不会跑起来的悠闲民族。这样的形象使外国人曾经把韩民族看成是一个又慢又懒的民族。但是现在一说到韩国，我们印象深刻的是和之前完全相反的"快快"形象。那么"快快"的历史到底是从什么时候开始的呢？

在韩国出现"快快"文化还不到五十年。经历过朝鲜战争（1950年）之后，为了重新过上好日子，韩国政府在20世纪70年代实行了很多经济政策，想短时间内振兴经济，就形成了无论做什么事情都要"快快"的文化。得益于此，韩国经济在短时间内取得了令人瞩目的发展，被称为"汉江奇迹"，有的国家甚至把韩国作为榜样。

外国人看到的韩国人的"快快"行为都有哪些呢？虽然韩国人可能意识不到，但是例如：往咖啡自动售卖机里投钱后，没等咖啡出来就把手伸过去等待的样子；等不及电梯自动关门而一直在按"关门"键的样子，这些可以说就是"快快"文化的代表性行为。

曾经，韩国人和外国人大概都会把"快快"看作负面形象。韩国人在餐厅点餐时会说"请快点上菜"。外卖如果过了三十分钟还没送到，韩国人也会不耐烦地打电话催促。人生当中最重要、最有意义的婚礼一般在十五分钟内结束，或者宾客大致看一下结婚典礼就拿着餐券去餐厅吃饭。这些行为对于外国人来说一定是有些陌生的。

然而，"快快"精神可以说是把韩国建成IT强国的一等功臣。有意思的是，韩国成为全世界网速最快国家之一的原因就是，韩国人对"慢"的零忍耐。

大家去韩国留学的话一定会接触到的文化可能就是"快快"文化。你可能会惊讶网速的快捷，也可能怀异讶政府机关等公共机构或者学校行政机构业务处理之迅速。你也可能会感叹虽然十二点到一点一般是午餐时间、但是午餐时间也能处理业务的"快快"文化。看到这样"快快"处理事情的样子，外国人说韩国人已经具有"勤劳而诚实的民族"形象了。

大家去韩国留学的时候，如果能够学到韩国人的"勤劳而诚实的快快"和"准确的快快"的话，那么就不须担心找份好工作了。

02

词汇和表达

명사 名词

행사	活动	취재진	采访团
오페라	歌剧	참가자	参加者、参与者
폭죽	鞭炮	지위	地位
고하	贵贱，高低	남녀노소	男女老少
동서고금	古今中外	연설	演讲，讲话
외국인	外国人	추첨	抽签

*기타 **其他**

빗방울	雨点，雨滴	하이힐	高跟鞋
벌금	罚款	공고문	公告，告示
국적	国籍	소나기	暴雨、阵雨
전체	全体，整个	경기도	京畿道
국민	国民	순간	瞬间

동사 **动词**

*행사 **活动**

응원하다	声援，加油，助威	환호하다	欢呼
벗어나다	脱离，离开	흥분되다	兴奋，激动，冲动
기획하다	计划，策划	진행되다	进行，举行
경청하다	倾听		

*기타 **其他**

하락하다	下跌，下降，跌落	활성화되다	搞活，使……活跃
개봉하다	首映，公映	미끄러지다	滑，溜，滑倒

*형용사 **形容词**

수많다	很多，众多

부사 **副词**

드디어	终于，到底	우르르	咕噜咕噜，呼啦啦
점차	渐渐，逐渐	한껏	尽情地，尽可能地
내내	一直，始终	금방	刚刚，马上

표현 **表达**

유채꽃 축제	油菜花庆典	벚꽃 축제	樱花庆典
강릉 단오제	江陵端午祭	신입생 환영회	新生欢迎会
특성을 살리다	突出特点	월드컵 경기장	世界杯赛场
레드 카펫	红地毯	컬이 풀리다	卷儿打开
사정이 있다	有内情，有情况，另有隐情	멋을 내다	表现魅力

더 배워 봅시다 **拓展练习：**

귀에 못이 박히다: 듣기 싫을 정도로 같은 말을 여러 번 듣는다.

耳朵里钉钉子: 不想听的话反复听到。

译文: 耳朵听出茧子。

꿩 먹고 알 먹기: 한 가지 일을 해서 두 가지 이상의 이익을 얻는다.

吃了野鸡再吃野鸡蛋：做了一件事，得到两种以上的利益。

译文：一箭双雕，一举两得。

语法

1. V-자: 앞의 행동이 끝나고 곧바로 뒤의 행동이 시작되는 것을 나타내는 표현.

    前面的行为结束后，马上开始后面的行为。

    译文："一……就……"。

2. A-다면서(요)?, V-ㄴ/는다면서(요)? : 말하는 사람이 이미 알고 있거나 들은 사실을 다시 확인하면서 물어 볼 때 사용하는 표현.

    表示说话人为再次确认已经知道的或者听到的事情而进行询问。

    译文："听说……，是吗？"

3. A/V-(으)ㄴ/는/(으)ㄹ 듯하다 : 현재 사실에 대해 추측하는 표현.

    表示对现在事实的推测。

    译文："好像……"。

4. V-지 그래(요): 말하는 사람이 듣는 사람에게 자신의 의견을 부드럽게 제시하는 표현.

    表示说话人委婉地向听者提建议。

    译文："你何不……呢""……吧"。

5. A/V-(으)ㄴ/는 가운데 : 어떤 일이 일어난 결과가 계속되는 동안의 뜻.

    表示在某事发生后其结果影响持续期间。

    译文："在……中"。

6. N을/를 막론하고: 어떠한 선택을 하지 않고 '모두 다'를 표현.

    表示不做任何选择，意指全部。

    译文："无论……全都……"。

▷ **연습해 보세요 练习词汇**

여주 도자기 축제	骊州陶瓷节	도예가	陶艺家
체험관	体验馆	과정	过程
그대로	照原样，原原本本地，依旧	가마	头旋儿，旋儿
광경	情景，景象	드러내다	露出
보석	宝石		

课文

大家所知道的韩国庆典都有哪些？

史蒂芬妮：克里，听说你去看釜山电影节开幕式了？

克　　里：你消息真灵通啊！开幕式在周中，昨天下课之后去的……

史蒂芬妮：是这样啊！开幕式的气氛怎么样啊？

克　　里：昨天坐KTX到釜山时已经五点了。可能因为是电影节，从釜山站到活动会场一路上有很多外国人，到处都是烟花爆竹和照相机闪光灯，所以整个釜山都像开幕式现场一样。可激动了。

史蒂芬妮：有很多著名演员吧？

克　　里：对！我一到开幕式会场，走红毯仪式就在参加电影节的观众们的欢呼声中开始了。穿着漂亮的礼服、尽情展示魅力的女演员们真是太美了！

史蒂芬妮：原来你不是去看电影而是去看演员的啊！

克　　里：不是的。我多喜欢电影啊！去电影节开幕式，能看到好的电影，也能看到漂亮帅气的演员们，所以这是一举两得啊。

史蒂芬妮：真好啊！我也想去。

克　　里：电影节会一直持续到下周末，你何不去一趟呢？电影节汇聚世界各国影片，你能欣赏到各国最具价值的电影。

▷ **课文词汇**

부산 국제 영화제	釜山国际电影节		
곳곳	到处，处处	터지다	爆发，闪
플래시	闪光灯	작품성	作品性，作品价值

听力

M　　C：您好！现在是周末文化漫步时间。今天给大家介绍一下庆典活动信息。金檀国记者！

金檀国：好的，我是金檀国，现在给大家带来在周末能够享受到的庆典活动信息。最近有很多朋友喜欢爵士乐吧？本周五、周六、周日三天在京畿道加平郡的甲鱼岛将举行国际爵士乐庆典，届时可以欣赏到世界级的音乐家演奏的爵士乐。本次音乐会不是在昏暗的光线里默默地听音乐，而是在美丽的大自然中，男女老少都可以欣赏的新型音乐庆典。因为没有固定的观赏席，所以想要近距离观看的朋友们要赶快行动起来。

M　　C：是这样啊！听说您也准备了首尔地区的庆典消息？

金檀国：是的。这个周末全家一起出游也是一个不错的选择。每年秋天都会举办的世界烟花庆典将于本周末在汝矣岛汉江公园举办。该庆典今年已是第十届，在本周六、日举行两天，届时将用烟花装扮汝矣岛的天空。

M　　C：好期待！但是当天汝矣岛周边会很拥挤吧？

金檀国：是的。本周末傍晚汝矣岛周边道路和汉江大桥会有部分交通管制。

M　　C：因为本次庆典会有很多人参加，所以大家要注意安全。今天的信息分享到此结束。谢谢！

가평	加平郡(京畿道)	자라섬	甲鱼岛，鳖岛(属于京畿道加平郡)
펼치다	展开	수놓다	刺绣，渲染，在……上绣花
한강대교	汉江大桥	일부	一部分，有些
통제되다	被控制	유의하다	注意
관람석	观众席，看台		

会话练习

"庆典"指的是什么呢？

克　里：志英，最近举办了各种各样的庆典呢。你知道"庆典"的起源吗？

崔志英：我知道一点。"庆典"一词包含着祝贺和祭祀之意。庆典始于古代，一般在播种结束的5月和秋收结束的10月举行。

克　里：原来如此。那么进行庆典的原因是什么呢？

崔志英：最开始是为了缓解人们因耕作而产生的疲劳。随着韩国社会的逐渐工业化，庆典渐渐消失了。从1980年开始，为了恢复地方特色，也为了使地区居民更和谐，庆典又开始活跃开展起来。

克　里：那请你告诉我几个有名的庆典吧。

崔志英：樱花庆典、海云台庆典、江陵端午祭，还有在济州岛举行的油菜花庆典都很有名。

克　里：是吗，这次我一定要参加一次庆典。

▷ **이야기해 보세요 会话练习词汇**

기원	起源，发源	제사	祭祀
고대	古代	씨	种子
추수	秋收	농사	种田，耕作
지치다	疲倦	산업화	工业化
주민	居民	화합	和谐

阅读

许多国家都有各自丰富多彩的庆典。那都有什么样的庆典呢？

西红柿庆典

★ 时间：每年8月最后一个周三

★ 地点：西班牙布尼奥尔

★ 由来：西红柿价格一下跌，生气的农夫们就把西红柿摔到地上

★ 内容：为参加庆典的人准备好西红柿，大家互相投掷，欢度庆典

★ 其他：音乐演出，放烟花，美食节等

★ 优点：享受自由

★ 缺点：住宿费贵，而且不方便使用公共交通

▷ **阅读词汇**

시기	时期	숙박비	住宿费
대중교통	大众交通	당시	当时
유래되다	由来	방지하다	防止
찌그러뜨리다	压扁，挤瘪，踩瘪		

能消除压力的最有趣的庆典就是"番茄大战"！这说的是在西班牙举行的西红柿庆典。番茄大战在西班牙小城市布尼奥尔每年八月的最后一个周三举行。这一庆典起源于1944年，当时西红柿的价格下跌得特别厉害，所以生气的农夫们把西红柿都摔碎了，庆典由此诞生。庆典当天中午12点，参加庆典的人们会在大约两个小时内相互投掷准备好的约十万公斤西红柿来欢度庆典。这个时候庆典参与者们相互只能投掷西红柿，为了避免危险，要把西红柿压瘪之后才能投掷。庆典结束之后会有消防车来打扫被西红柿染红的街道，所以街道马上就会变干净。

除此之外，音乐演出、放烟花、美食节等各种活动会在一周时间里持续举行。因为这个庆典的优点是能使人消除压力，从日常生活中解脱出来享受自由，所以每年都有很多人前去参加。但是很多人聚集在一个小城里，也有很多缺点，不但住宿设施不足、费用昂贵，而且也不方便使用公共交通工具。

听力

韩国人的业余生活

业余生活是指除工作、家务事、上课等义务性活动之外，进行体育、兴趣、休养等活动的自由时间。我们一起来了解一下韩国人在这样的自由时间里进行什么样的活动。

根据2014年韩国国民休闲活动调查，首先，业余时间主要看电视的人最多（占比51.4%）。韩国人主要是看自己喜欢的电视剧，看的同时好像自己成了男主人公或女主人公一样，从而获得代入满足感；或产生强烈的共鸣，会流眼泪也会尽情地欢笑。还有在中国与东南亚也颇有人气的娱乐节目，如《无限挑战》《奔跑吧，兄弟》《两天一夜》等，适合观看，能够减压。

其次，业余时间上网（11.5%）。在韩国的年轻人当中几乎找不到不上网的人，网络已经生活化了，得益于快捷的网速和WIFI，电脑自不必说，人们用智能手机也能一整天享受网络。韩国代表性的网络搜索引擎有"Naver"和"Daum"。人们通过这样的网站能够快速获得信息、互通邮件，也能够方便地享受购物、观影、听歌、玩游戏。

第三，散步（4.5%）。在首尔人们常去的散步路是奥林匹克公园、德寿宫石墙路、世界杯公园、首尔林等。散步最大的优点是对都市生活感到疲惫的人们可以亲近大自然，慢慢走着，做轻松的运动，这对健康很好，也能获得思考和回顾许多事情的时间，所以对于精神健康也有帮助。

除此之外韩国人在业余时间做的事情还有参与体育活动和文化艺术欣赏等等。如周末或假日许多人会聚到一起踢足球或打棒球，度过快乐的休闲时光，或者去剧场看新上映的电影或话剧来享受文化生活。还有人会享受文化观光。韩国人最想去的代表性旅游胜地有古代宫殿、广藏市场、明洞、南山、雪岳山、南怡岛、海云台，还有济州岛的偶来路和汉拿山等。另外，在海外旅行胜地中，人们常去巴黎、香港、夏威夷、岘港、曼谷、大阪等地，进行短期旅行。

如前所述，在业余时间里比起积极的体力活动，大部分韩国人更加倾向于消极的休息活动。另外，调查结果显示独自度过业余时间的情况（56.8%）最多，其次是和家人一起（32.1%），然后是和朋友一起的情况（8.3%）。

另一方面，国民们认为活跃业余生活非常重要的一点是政府在政策上扩充休闲设施，开发并普及休闲生活项目。

03

词汇和表达

명사 名词

*환경 环境

분리수거	垃圾分类回收，分类清理	먼지	灰尘，尘埃
재활용	再利用，重复利用	이면지	双面纸
청결	清洁，干净，环保	플라스틱	塑料，塑胶
국물	汤	통째	整个，全部

*기타 其他

성장	成长，增长，发展	보온병	保温瓶
인간관계	人际关系	생명	生命
구조대	救援队，救生队	바이킹	海盗船
건망증	健忘症	재벌	财阀
전부	全部	막차	末班车
의식	精神，知觉，意识	스타	明星
가야금	伽倻琴	유기견	遗弃犬
상대방	对方	단어	单词

연습장	练习本	고아원	孤儿院
마찬가지	一样，同样，相同	택견	跆跟，韩国的一种传统武术
설악산	雪岳山		

동사 动词

*환경 环境

처리하다	处理，办理	흘러나오다	流出，透出，传出
썩다	腐烂，腐败	분류하다	把……分类
나서다	积极参与		

*기타 其他

배려하다	关怀，照顾	다가오다	走近，走过来，靠近，接近
반기다	喜迎，欢迎，欣喜	둘러보다	环视，巡视
뒤덮다	覆盖，笼罩		

형용사 形容词

뻔하다	明显，显然，清清楚楚，显而易见	서툴다	不熟悉，笨拙
커다랗다	很大	매스껍다	恶心

부사 副词

종종	种种，常常，经常	툭하면	动不动，动辄
시시콜콜	无聊，无关紧要，鸡毛蒜皮	혹시나	如果，或许
번번이	每次，每回	아마도	大概，可能，恐怕

표현 表达

환경 오염	环境污染	쓰레기종량제	垃圾计量收费制
공장 폐수	工厂废水	동물 보호 센터	动物保护中心
시간이 나다	有时间，有空	포장을 뜯다	打开包装
야단을 맞다	受到批评		

더 배워 봅시다 拓展练习:

눈도 깜짝 안하다: 조금도 놀라지 않고 무서워하지 않다.

眼睛都不眨一下：一点也不惊讶，一点也不害怕。

译文：眼睛都不眨一下 。

식은 죽 먹듯: 어떤 일을 아주 쉽게 하는 모양.

像是喝凉粥：很容易做某件事的样子。

译文：轻而易举，小菜一碟。

갈수록 태산: 어떤 일을 하면 할수록 어려워지다.

往前走是泰山：做某件事时，越做越难。

译文：越来越难。

语法

1. N(이)나 되는 것처럼/듯이: 사실은 그렇지 않지만 그런 것처럼 행동함을 나타내는 표현. 빈정 거리는 뜻이 드러남.

   虽不是事实，但却表现出好像是那样子的行为。有嘲讽挖苦之意。

   译文："像成为……一样"。

2. V-고는/곤 하다: 어떤 행동이나 상황이 반복적으로 일어나는 것을 표현. '곧잘, 자주, 가끔'과 함께 사용됨.

   某种行动或状况反复出现。与"곧잘（时常，动不动），자주（经常），가끔（偶尔）" 等词常 一起使用。

   译文："时常/常……"。

3. V-기 일쑤이다: 어떤 일이 매우 자주 있음을 나타내는 표현.

   表示常有的事。

   译文："十有八九……" "常……"。

4. V-(으)려다(가) (말다): 일을 하다가 중간에 그만둘 때 사용하는 표현.

   表示计划做某事未完成或未实现而中断。

   译文："本打算做……（但是没做成）"。

5. N에(게) 있어서: 화제가 되는 사람을 나타내는 말에 붙어 '-를 중심으로 하여 생각할 때 에' 의 뜻을 나타낸다.

   在成为话题的人或事后面使用，有"以……为中心来考量"的意思。

   译文："对……来说"。

6. N마저: 최후의 것까지 모두. 하나 남은 마지막을 표현.

   到最后一个全部，表示剩下的最后一个的意思。

   译文："连……也"。

课文

你有没有因为垃圾问题而困扰过?

刘　霆：在韩国扔垃圾的方法好像真的很难。最近动不动就听到考试院阿姨的唠叨。

金檀国：唠叨?

刘　霆：是的，几天前我吃方便面，剩下了面汤，想整个扔掉，结果被阿姨训了一顿。阿姨像老妈似的不知道唠叨了多久。我耳朵都要听出茧子了。

金檀国：所以怎么样了呢？

刘　霆：本想把剩下的汤扔掉的，后来一想就都喝掉了。在我老家，带汤一起扔也没关系……

金檀国：韩国以前也是所有垃圾都是一起扔的，但是垃圾越来越多，从1995年开始实行垃圾计量
　　　　收费制和分类回收。

刘　霆：那是什么啊？

金檀国：垃圾计量收费制是扔多少垃圾就交多少钱的垃圾回收制。以前扔垃圾的时候是不交钱
　　　　的，所以有些还能用的东西也常被扔掉了。但是现在扔垃圾的话要交很多钱，所以大
　　　　家都在减少垃圾。还有分类回收是为了保护环境，把罐子、瓶、塑料和纸等等都分类
　　　　来扔。

刘　霆：是这样啊！那真是既保护了环境，又减少了垃圾啊。我从现在开始必须努力做垃圾分类
　　　　了。只是对于外国人来说，进行垃圾分类好像真的是一件很难的事情啊。我韩国语也不
　　　　熟练，而且也得知道分类回收方面的单词，要学习的东西变多了啊！

听力

M　C：近年来垃圾问题让人倍感烦恼，但听说有个地方的市民通过努力解决了江水污染问题。
　　　金檀国记者，您现在到达达来江现场了吧？

金檀国：是，我现在来到了忠清道达来江。这条江在5年前还因人们丢弃的垃圾而没有生物存活。
　　　　现在咱们来听听这里的居民们怎么说。

居 民1：我小的时候这里很好的，空气也很好，很适合生活。但是大家都说好以后，城里人好像
　　　　把这里当成了自己的家乡，来这里玩耍，扔完垃圾就走。不管我们怎么说服让他们清理
　　　　垃圾后再走，他们都不管不顾。这样一来江水变得很脏，曾经在江里生活着的鱼类都死
　　　　了，其他动物们也都离开了。后来这条江就变得人们都不想去了。

金檀国：为了拯救已经污染的达来江，居民们发起了拯救行动。

居 民2：拯救行动刚开始非常累。但是对我们来说，还有什么比拯救这条江更重要的事呢？种
　　　　田、吃饭、喝水，我们都要靠这条江。拯救行动开始，为使江水变干净我们受了很多
　　　　苦。我们往江里撒药，来回在江边清扫，进行垃圾分类清理。过了大约3年，江水开始渐
　　　　渐变好，一度离开的动物也开始回来了。现在村民们都出来参加这个拯救行动了。我也
　　　　是工作结束后不打算直接回家，而是先在江边转上一圈确认一下有没有垃圾。

金檀国：拯救达来江行动已经进行5年了，在人们的关注下达来江又恢复了昔日的面貌。金檀国记
　　　　者达来江报道。

▷ **听力词汇**

달래강　　　　　　달来江　　　　　충청도　　　　　忠清道

大家在清理或者打扫房间时，会扔掉什么东西呢？

克里：安妮，你在干嘛？在打扫卫生吗？

安妮：是的，不需要的东西太多了，所以想整理一下。

克里：你还有不需要的东西啊？

安妮：是啊。我想把书桌上的两面纸、床上的大熊玩偶、吃剩下的柠檬都扔掉。

克里：为什么啊？看起来还是可以用的啊。书桌上的纸……

阅读

　　有一天我睁开眼睛，发现自己置身于一片森林之中，蔚蓝的天空仿佛触手可及，高山上长满了绿树。干净的空气和凉爽的风，小动物们都热情地欢迎我。来不及和好久未见的朋友们打招呼，我就飘向了远方。还有其他朋友在等我，所以我并不担心。但是很奇怪，为什么朋友们不来找我呢？他们原本要来，但又躲藏到远远的绿林中。掩映在高高的树影之间的蔚蓝的天空消失了，经过一块巨大的岩石和瀑布以后，我听到了嘈杂的人声，还听到了分辨不清的机器的声音。那茂密的树林都消失到哪里去了？要翻过这座山还有很远的路，但是我知道现在连矮树都消失了。每次旅行的时候朋友们都会消失在某处，这次旅行也一样，我没能见到以前的朋友们。在朋友们消失的地方建起了公寓和工厂，这些都是我第一次见到。之前的江边生活着很多鸟，现在遍地的垃圾好像成了这里的主人。我没能见到朋友们。

　　我想找个地方休息一下，但是无处栖身。城市离我越来越近，我发现干净的空气和凉爽的风都消失了。我每经过一座城市，总会因工厂排出的废水和人们扔掉的垃圾而受伤。这次旅行也一样。

　　现在我看到了这次长途旅行的尽头。只要越过那些船到达远海就可以了。我想重新飞翔于云朵之上。但这次旅行似乎是我的最后一次旅行。因为从某艘船里漏出来的油阻断了我通往远海的路。我变得沉重，现在无法飞到天上去了。也不能重新见到林中的朋友们了。

　　人们知道吗？人们用过又扔掉，拥有又抛弃的我还能和大家在一起多久？现在知道不能再那样做了吗？要过多久我才能再次翱翔于天际呢？

▷ **阅读词汇**

닿다	到达，触及	숲속	森林里
어디론가	什么地方，哪里	떠내려가다	漂走，冲走
그림자	影子	강가	江边，河边
기계	机器		

没想到雾霾这么吓人

曾几何时，韩国是一个多山、自然环境好、水和空气都很清新干净的国家。韩国的水里没有石灰质，又清澈又干净，别说山里的泉水，就是自来水都可以不必烧开，直接安心饮用。因为空气干净，所以韩国的四季总是能看到又高又蓝的天空。

但是随着时间的发展，空气和水因为环境污染都在变差。韩国曾经干净的空气因工业化而一点点变差，从几年前开始，雾霾和黄沙让看不到晴朗天空的日子变多了。

在灰尘中，颗粒小的叫"微尘"，颗粒更小的叫"超细微尘"。这些微尘主要是由煤炭、石油、汽车的废气引发的。微尘的大小还不到头发直径的1/5，"超细微尘"还不到头发直径的1/20，非常小，所以人们的眼睛是看不到的。一般的灰尘，鼻毛或者支气管黏膜就可以阻截，但是微尘在空气中停留，会通过人的呼吸器官进入肺或者血管，可能会引发癌症或者肺病，所以一定要小心。超细微尘达到了世界卫生组织（WHO）指定的"一级致癌物"的危险程度，但是由于人们肉眼看不到，所以现在人们还没有认识到它的严重性。

在雾霾浓度高的日子里老人和体弱者，或者有呼吸器官疾病者最好不要外出。不得已需要外出的话一定要佩戴能够阻断微尘的口罩。戴口罩可能会让眼镜蒙上一层雾气，也会因为橡皮筋勒得耳朵疼，也可能会让人感到气闷，所以很多人以不舒适为由讨厌戴口罩。

雾霾也是使皮肤老化的主犯。雾霾进入皮肤成为诱发青春痘、皮肤炎或者产生皱纹的原因，所以外出后一定要把附着在身上的雾霾洗净。还有，雾霾严重的日子不要开窗，为了净化空气，可以在家里养虎皮兰、桌摆椰子、印度橡皮树等净化空气的植物，这也是一个好方法。

很多韩国人认为吸入灰尘多的日子吃五花肉的话，灰尘会被五花肉的油清洗出来，所以韩国有"吃五花肉除尘"的民间说法。但是含脂肪多的食物反而会在身体里蓄积灰尘，所以比起五花肉，经常喝水对健康更有益处。另外，含有丰富维生素的水果或者藻类，或者大蒜、生姜、梨等对克制灰尘也很有帮助。

当然，韩国与全世界其他国家一起一直都在为消除雾霾而努力，但是这并不容易得到改善。没有雾霾的、空气质量良好的国家是瑞士、瑞典、挪威、新西兰等，他们都是亲近自然的国家。如果我们也像这些国家一样去热爱和美化自然的话，地球是不是也会把优质的空气作为礼物送给我们呢？

04

명사 名词

건강과 질병 健康和疾病

보약	补药	통증	疼痛
식중독	食物中毒	허기	饥饿感
기온	气温	유기농	有机农业
혈액형	血型	보건소	保健所
영양	营养	연구소	研究所

*기타 其他

구두쇠	吝啬鬼，守财奴	종이학	纸鹤
선호도	偏好度，喜好度	재단	财团
미만	……以下，未满……	성장기	成长期
포만감	饱腹感	문고	书店
반대	反对	방향	方向
의견	意见	과소비	超额消费
순위	排行，排名	대다수	大部分
본지	本地；本报	입장	立场
주중	周中，周内	국립	国立
캠프	野营，露营	실내	室内
구체적	具体的		

동사 动词

머뭇거리다	犹豫	경고하다	警告
조사하다	调查	달하다	达到
방해되다	有碍，被妨碍	제안하다	建议，提议
선호하다	偏爱，偏好	대하다	面对，对待
추천하다	推荐	게을리하다	松懈，懈怠；疏忽

형용사 形容词

밀접하다	贴近	풍부하다	丰富
가렵다	痒	불과하다	只不过，只是

분명하다	分明，明白，显然	충분하다	充分，充足

부사 副词

함부로	随意，无礼地，轻易	오히려	反而，相反

표현 表达

권장 도서	推荐图书	봉사 활동	做义工，志愿活动
아울렛 매장	打折商场	설문 조사	问卷调查
웰빙족	康乐族，健康一族	평균 수명	平均寿命
유산소 운동	有氧运动	면연력을 높이다	提高免疫力
세탁기를 돌리다	开动洗衣机	수면을 취하다	睡眠
동상에 걸리다	冻伤	관계가 있다	有关系

더 배워 봅시다 拓展练习：

눈이 높다: 조건이 까다롭다.

眼光高：条件苛刻。

译文：眼光高。

뜸을 들이다: 말이나 행동을 바로 하지 않고 머뭇거린다.

焖一会儿：不直接表达语言或者行为，犹豫。

译文：再研究研究，再考虑考虑。

티끌 모아 태산: 먼지처럼 작은 것이라도 계속해서 모으면 산처럼 커진다.

尘土积累在一起就是泰山：即使像尘土一样微小，持续积累的话也会成为一座山。

译文：聚沙成塔，集腋成裘。

语法

1. A/V-(으)ㄹ 리가 없다: 어떤 사실이나 상황을 근거로 선행절의 내용이 사실이 아니라고 확신할 때 사용하는 표현.

   以某个事实或情况为依据，确认前句的内容不是事实。

   译文：没有……的道理。

2. A-다 A-다, V-ㄴ/는다 V-ㄴ/는다 : 서술형으로 표현된 내용을 간접적으로 옮겨 말할 때 사용하는 표현

   表示陈述句的间接引用。

   译文：说……，据说……

3. A/V-더라도: 앞의 사실을 인정하지만, 그것이 뒤의 사실에 영향을 주지 않음을 나타내는 표현.

承认前一事实，但不对后面的事实造成影响。

译文：即使……，即使说……

4. V-고 보니(까)：어떤 일을 한 후에 새로운 사실을 알게 될 때 사용하는 표현.

做完前面的事情后，发现了后面的新情况。

译文：做……之后发现……

5. V-(으)ㄴ/는 김에：어떤 행동을 하는 기회에 다른 후행절의 일을 한다는 의미.

趁着做某件事的机会，做后句的内容。

译文：做……，顺便做……

6. N을/를 대상으로 조사하다，N에 의하면，N으로 나타나다：어떤 일의 상대 또는 목표나 목적이 되는 것을 조사할 때 사용.

对一件事的对象或者目的进行调查时使用。

译文：以……为对象进行调查，如果根据……的话，以……出现。

课文

有益健康的食品都有什么呢？

安　妮：大家好！我是"今天的健康食品"节目主持人安妮。今天咱们一起来了解一下"超级食品"。"超级食品"说的是营养丰富而且能够提高免疫力的食物。我们邀请到了金檀国博士，下面咱们来听一下详细的解读。您好！

金博士：大家好！我是金檀国。今天我来介绍一下有益健康的"超级食品"。被称为"世界十大超级食品"，并且广为人知的食品是"绿茶、燕麦、西兰花、大蒜、葡萄酒、蓝莓、坚果类、菠菜、三文鱼、西红柿"。

安　妮：这些都是我们平时在日常生活中常见的食品啊！

金博士：是的。不是因为它们叫"超级食品"就是特别的食物。某些人认为难找的、昂贵的食品对身体好，那是错误的想法。

安　妮：原来是这样啊！那么请您给我们介绍一下这些食物都有什么样的功效。

金博士："超级食品"里含有很多维生素。西兰花、蓝莓里含有很多维生素C，三文鱼里含有很多维生素E，燕麦里含有很多维生素B。坚果类因为能带来饱腹感，对减肥是有帮助的。菠菜和燕麦对治疗皮肤病有帮助。大蒜有味道，所以有人讨厌它，但是它能够助消化，而且有预防食物中毒的功效，所以适当吃些比较好。

安　妮：好，各位都听清楚了吧？今天听完金檀国博士的讲解，不妨顺便去趟超市，找找"超级食品"怎么样？金博士，谢谢您！

▷ **课文词汇**

건강식	健康食品	슈퍼푸드	超级食品

귀리	燕麦	포도주	葡萄酒
블루베리	蓝莓	견과류	坚果类
연어	三文鱼	질환	疾患
꺼리다	忌讳，避讳，不愿意		

听力

主　播：一年四季一直保持华美风格的女性着装亮起了红灯。今天金檀国记者就应季穿衣话题进行了采访。

金檀国：我现在来到了明洞。此刻虽然气温达到了零下十摄氏度，但穿着短裙和靴子的女性还是随处可见。

女性1：冷点儿也没关系，进到室内的话不就暖和了嘛。

女性2：外套很厚，穿长款的话会感觉很憋闷，也不漂亮……

金檀国：我们以二十多岁的女性为对象，针对冬季着装问题进行了现场调查。调查显示女性在严寒的冬季依然喜欢穿着短裙或紧身裤之类凸显身材的衣服。因此，在卖场上架的大部分衣服都瞄准了女性冬季穿衣也要显瘦的心理。但这样做对身体健康没有影响吗？

医　生：穿太薄或太紧的衣服，血液无法正常循环。您应该有过在室外活动后进入室内之后大腿或手感到发痒的经历。这个症状是因为冻伤带来的血液循环不好而产生的。

金檀国：专家还警告说，穿高跟鞋或高跟皮靴不仅对脚部健康有害，如果走路姿势变得不正确的话，还会导致膝盖和腰部产生疼痛症状。金檀国记者明洞报道。

主　播：由此可见，衣着与健康似乎确实有着很密切的关系。女性朋友们，请记住这句话：失去健康就失去了一切。

▷ **听力词汇**

옷차림	衣着，着装	적신호	红灯，危险信号
취재하다	采访	영하	零下
여성	女性	스키니 진	紧身裤
겨냥하다	针对	혈액 순환	血液循环
허벅지	大腿	증상	症状
부츠	靴子，长筒靴	자세	姿势

会话练习

大家为了健康正在做着什么样的努力呢？

崔志英：刘霆，为了维持健康，你在做什么特别的运动吗？

刘　霆：当然啦。我下班后会听着音乐骑一小时自行车。

崔志英：也经常吃对身体好的食物吗？

刘　霆：当然。父母经常用燕麦、蓝莓这样的有益健康的超级食品做食物。

崔志英：原来如此。那么为了维持健康，有什么不做的事吗？

刘　霆：我不抽烟，一个月也只喝一次酒。你呢？

崔志英：我……

阅读

大家一天睡几个小时呢？

可能大家都有过这样的经历：为复习准备考试而熬通宵，但是考试结束一看成绩并不好。忙的时候或者有考试的时候，人们首先减少的就是睡眠时间。2017年DK研究所以1000名初中生和高中生为对象，对青少年的睡眠时间进行了问卷调查。根据调查结果，韩国学生的周中平均睡眠时间高中生是5.7小时，初中生是7.3小时，这和美国国立睡眠财团建议的8.5~9.25小时相比远远不足。而且周中睡眠时间不到5小时的高中生占27.2%，有8小时以上充足睡眠的学生只不过2.3%。

只睡这么短时间对我们的身体没有任何影响吗？人的一生中大约有三分之一的时间是在睡眠中度过的，睡眠时间是消除身体白天积累的疲劳的休息时间。睡觉时我们的大脑会把白天新学的知识储存为长期记忆。如果没有充足的睡眠，即使努力学习了，学习效果也不会好的。睡眠时间不足会使我们的身体不能正常活动。在长身体的阶段如睡眠不足，会有碍成长。

除此以外，睡眠时间不足导致的问题还有很多。睡眠不足会令人感到饥饿，会吃得更多，从而导致肥胖。睡眠时间不足也会令心脏患病几率增高。因此保证适当的睡眠时间来保持健康是非常重要的。老话也有"睡眠是补药"的说法。人们为了健康做运动、吃补药，付出了很多努力，但不要忘记，实际上只要睡眠好，身心都会变得健康，学习能力也会提高。

▷ **阅读词汇**

뇌	脑	장기 기억	长期记忆
심장병	心脏病	학습 능력	学习能力
확률	概率		

文化

红参是包治百病的灵丹妙药吗？

人人都希望没有压力，健康幸福地生活。因此"养生"一度成为我们生活的必需品，如"养生食谱""健康减肥""健康行走""养生中心"等等。这意味着韩国人认为健康很重要。

有些韩国人为了维持健康，每天进行简单的运动，吃没有调料的食物是最基本的。还有很多人也会每天吃符合自己口味的维生素或者红参、蒜汁、蜂王浆、蜂胶等健康辅助食品。

在健康辅助食品中，韩国人吃得最多的是红参。从高丽时代开始韩国的人参功效就很好，因此出口世界许多国家。现在韩国的人参也被叫做"高丽人参"，意味着是从"高丽时代"延续下来的人参。"红参"是把6年生的人参经过长时间蒸制之后晾干做成的。为了方便食用，韩国的红参被加工成了可以简便服用的红参丸、红参切片、红参浓缩液、红参粉、红参软糖、根状红参等多种形态。还有，在电影或电视剧里也常常会看到当红艺人喝简装红参的场景，因此可以说红参对韩国人来说是一种非常熟悉的健康辅助食品。

韩国人要给外国人送礼的时候也会最先想到红参，可能因为人们认为红参最能代表韩国。不知道是不是因为这一点，在韩国长时间生活的许多外国人也会像韩国人一样爱吃红参，推崇红参。

在中国，人们不怎么给小孩吃人参或者红参，而在韩国，人们认为红参对预防感冒和小病有效，所以常给孩子吃"儿童专用红参"。人们还认为红参对提升记忆力和注意力有帮助，所以青少年或者考生吃便携式红参的比较多。据说红参还有分解脂肪的功能，所以减肥的女性也常吃。除此之外，据说红参有抗癌效果，所以在接受抗癌治疗的患者们也吃红参。据说红参对于雾霾和黄沙引发的呼吸器官疾病也有效果，所以这真成了全民都应该吃红参的理由了。

红参有很多药效是事实，但显然不是包治百病的灵丹妙药，因此服用必须符合自身体质，如果正在服用其他药物，须咨询医生是否可服用红参。不论如何，红参在韩国长久以来备受喜爱，以后也必定是受欢迎的健康辅助食品，这一点毫无疑问。

在考试临近的时候，如果像韩国人一样为了强化注意力，喝红参浓缩液再学习的话，就会取得好成绩吗？如果你想知道效果，这次考试的时候就边服用红参边学习怎么样？

05

词汇和表达

명사 名词

생활공간 生活空间

사생활	私生活	겉모양	外观
창고	仓库	다락방	阁楼
원통형	圆柱形		

기타 其他

애완동물	宠物	바비큐	烧烤
대청소	大扫除	유명세	出名的代价

지붕	屋顶	복권	彩票
지하도	地下通道	나뭇가지	树枝
천	织物，布	막내	老小，老幺

동사 动词

*문제 해결 问题解决

선택하다	选择	토론하다	讨论
당첨되다	中奖，中彩	이끌다	拉；引导，率领
전하다	转达，告诉		

*건축 建筑

건설하다	建设，建造	씌우다	盖
분해하다	分解，拆卸		

*기타 其他

뛰어놀다	跑来跑去玩耍	넘기다	超过时间，过期

형용사 形容词

고유하다	固有	거대하다	巨大
생생하다	生动	옳다	正确，准确
둥글다	圆，圆圆的	깊다	深；深刻

부사 副词

어쨌든	无论如何	도저히	怎么也，绝对
높이	高，高高地	제발	千万，务必，一定要

표현 表达

실내장식	室内装修	개선점	改善点，需改进之处
이동식	移动式	안내 방송	广播通知
수상 가옥	水上房屋	기둥을 세우다	立柱子，钉桩子
내부 구조	内部结构	피로가 쌓이다	疲劳积累

더 배워 봅시다 拓展练习：

손이 크다: 돈이나 물건을 아끼지 않고 넉넉하게 쓴다.

手大：不珍惜钱或物品，过度使用。

译文：大手大脚。

　　손을 보다 (看手)：① 물건을 고치다. 修理东西。② 사람을 혼내다. 批评人。教训人。

보기 좋은 떡이 먹기도 좋다: 겉모양이 좋으면 내용도 좋아 보인다.

好看的年糕，吃着也香：外表好看，内容应该也会好。

译文：好看的饼，吃起来也香。

语法

1. A/V-았/었으면 (하다): 가정하여 '그렇게 되기를 희망한다'는 것을 나타낸다.

   表示假设，希望会变成那样。

   译文："希望……""如果……多好"。

2. V-(으)려야 V-(으)ㄹ 수(가) 없다: '하고 싶은 일을 할 수 없다'는 것을 나타낸다.

   表示想做却做不了的意思。

   译文："想……也不能……"。

3. V-(으)ㄴ/는다는 것이/게: '일이 뜻대로 되지 않다'는 것을 나타낸다.

   表示事情的发展与愿望相反。

   译文："本想……然而/却……"。

4. V-고도: 앞에 사실과 반대되는 내용이 뒤에 이어지는 것을 나타낸다.

   表示连接与前面事实相反的内容。

   译文："即使……也""尽管……也……"。

   V-고도 남다："即使……也绰绰有余"。

5. N(이)란: 어떤 사물을 화제로 삼아서 해석 또는 설명하는 것을 나타낸다.

   以某事或物为话题进行解释说明。

   译文："所谓（的）……"。

6. N(으)로 여기다/보다/느끼다: 어떤 사람이나 사물에 대하여 생각하는 것을 나타낸다.

   表示对人或事物的看法。

   译文："当作……""作为……""看成……"。

课文

大家希望住在什么样的房子里呢?

史蒂芬妮：克里，你想住在什么样的房子里?

克　　里：这个嘛。房子不就是能够舒适地休息的地方吗? 你想住在什么样的房子里呢?

史蒂芬妮：我想住在有庭院的房子里。因为我希望养花、养狗，公寓里即使想养狗也不能养嘛。
　　　　　我还希望房子宽敞，要是有书房、还能在客厅看电影就好了。

克　　里：你需要一所大房子。我的想法是房子的大小适合一个人居住就可以。大房子清扫起来
　　　　　很累，虽然我现在就住在小房子里，但打扫卫生的活也是得过且过呢。

史蒂芬妮：可是也可能有人来家里玩儿啊，房子太小的话不会不方便吗？

克　　里：我想把房子装饰成只属于我个人的空间。朋友嘛，在外面见就可以了。

史蒂芬妮：男人都这么说。那不是家，只是一个房间而已。我觉得所谓家就应该让全家人都能舒适地生活，所以应该宽敞一些。

克　　里：咱们再这样下去会吵起来的。这个话题到此为止，谈点别的吧。咱们又不是马上就要买房子。要是让别人听到，会误认为我们两个要结婚呢。

史蒂芬妮：是吗？那你再问问其他朋友，我猜所有人都会说我说的对的。

听力

安妮：未来会出现什么样的房子呢？

托林：这个嘛，未来的房子会和现在的不一样吗？

安妮：未来工业发展，也许空气质量无法改善，室内空气净化器应该会有所发展。

托林：这是有可能的。我觉得有将房子连接起来的地下通道就好了，也就是地下有道路。这样的话，就不需要出去，通过地下道路行走，冬天不冷，夏天不热。

安妮：现在的公寓地下停车场就是这样修建的，这么看来，十年后足以变成那样。

托林：而且还听说在未来，虚拟现实和增强现实技术也会更发达。

安妮：增强现实是什么啊？

托林：增强现实是将现实世界加上三维影像来展现的技术。据说未来会有即使不见面，也像实际见面一样的体验。

安妮：待在各自家中就能见面方便是方便，但个人所在的空间一直能被其他人看见，因此家里随时都要清扫干净，这样就变得更累了。不仅如此，私生活也没有了，那样太累了吧？

托林：我本想跟你谈谈未来的房子什么样，结果我的内心想法都被你发现了。无论如何，未来生活会比现在更方便、更干净，这是一定的吧？

▷ 听力词汇

형태	形态	공기청정기	空气净化器
발전하다	发展	가상현실	虚拟现实
증강 현실	增强现实	현실 세계	现实世界
3차원	三维	영상	投影，图像
겹치다	加，叠在一起，重叠	수시로	随时
속마음	内心，心扉		

你们国家都有什么样的房子？

最近公寓越来越多，即使想看传统房屋也看不到了。只有去博物馆或民俗村才能看到传统房屋。传统房屋体现了各国的环境和固有的文化，展现出了鲜活的生活面貌。

1. 在水上建房子——水上房屋

住在缅甸东北部茵莱湖的人们一辈子都生活在这个地方。他们是茵莱湖的子孙茵达族。茵达族人在水里钉桩子，然后在桩子上垒墙建造水上房屋，他们就生活在那里面，他们在浮在湖面上的水田里耕作。

2. 地下也有房子——地下村庄

突尼斯加倍斯州有一个马特马他村。这个村庄是在调查1967年大洪水引发的受灾情况过程中，偶然被外界发现的世界上最大的地下村庄。据传它是很久前发生战争的时候逃亡的人们建的。他们仿佛在地上挖出了一口巨大的井，然后往旁边挖洞穴，建造了能住人的房子、牛棚及仓库。

3. 房子就是我站的这个地方——毡房

毡房说的是中亚地区牧民建造的移动式房屋。由高为1.2米的圆筒墙和圆形的屋顶构成。墙和屋顶用树枝支起来，然后在上面挂上布建造而成，方便搬家的时候拆掉了重新地组装起来。

▷ **阅读词汇**

전통 가옥	传统房屋	미얀마	缅甸
동북부	东北部	자손	子孙
뜨다	漂，浮	쭌묘	水上农田
튀니지	突尼斯	가베스 주	加贝斯省
마트마타 마을	马特马他镇	홍수	洪水
피해	受灾	외부	外部，外界
외양간	牛棚	유르트	毡房，蒙古包
중앙아시아	中亚	유목민	游牧民

文化

我们一起去传统韩屋村吧！

韩国的传统房屋被称为韩屋。虽然从前到处都能看到韩屋，但是现在韩屋很多都消失了。虽然去首尔的"北村韩屋村"或者全州的"韩屋村"还能看到韩屋，但是并不能展现以前的全貌。因为住在韩屋里的人按照时代特点，将其修缮得更为便利，以便居住。但是如果你稍微跑一点远路，去韩国儒教的发祥地荣州"儒生村"或者安东"河回村"的话，你就能够体验到原汁原味的祖先们的居住文化，看到传统村庄的旧时风貌。坐在已有几百年历史的大厅地板上感受自然，漫步于幽静的村庄，来一场穿越到过去的时光旅行好像也挺好的。

韩屋主要可以分为平民居住的草房和贵族居住的瓦房。平民们使用打完稻子剩下的稻草铺建屋顶的房子被称为草房，用瓦铺建屋顶的房子被称为瓦房。草房或者瓦房的墙体是用黄泥建造的，最近这种材料作为健康建材备受瞩目。黄土能很好地调节温度，冬暖夏凉。据说黄土房屋通风好，能祛除湿气，分解有害物质，而且还能吸收智能手机或者电脑的电磁辐射。

地板与地暖是韩屋独创的。韩国人在家里是脱鞋生活的，炎热的夏天在凉爽的地板上生活；寒冷的冬天在温暖的房间里生活。因为是使用地暖，所以无需穿鞋。据说在房间里不穿鞋能消除一整天的疲劳，对健康很好。

韩国人发明了地暖（地炕）。地暖也叫"烤石"，就是"烤过的石头"的意思。地暖是一种加热房子的整个地面炕板的独特方法。从前，在厨房的灶孔烧火的话，火的热度会经过房间炕板下面的通道，加热炕板之后使房间变暖。同时，厨房灶孔的火还可以用来做饭。现在，做饭的火和地暖用的火已分开使用，从前则是"一火两用"。现在在韩国颇受欢迎的桑拿房也利用了地暖的原理。因为家里的地面暖和，所以韩国人喜欢坐在地上。这样，韩国的坐式生活延续至今。

韩剧里面经常出现的桑拿房，已经不止是韩国人，就连外国人也喜欢去。刚开始人们也许会认为在热热的地板上烙身子有点奇怪，但是试过几次之后就会感受到身体的疲劳被彻底消除了。没有住过地暖房的人，在桑拿房里间接体验一下地暖房的效果，也是一个很好的经历。

韩屋在追求与大自然和谐相处的同时，其建造理念又极为素朴，充满着祖先们的智慧。这并非在桑拿房里面可以完全体验到的。在韩生活期间，如果在拥有"健康"和"康复"这两个关键词的韩屋里居住一天，岂不是一次精彩的文化体验？

06

词汇和表达

명사 名词

공연 演出

기타리스트	吉他手	무용수	舞者
이미지	形象	심사위원	评审委员
현장	现场	청중	观众，听众
반응	响应，反应	주위	周围
첫인상	第一印象		

*문제 해결 **解决问题**

진땀	大汗，急汗	부작용	副作用
범죄	犯罪	투표	投票

*기타 **其他**

로봇	机器人	상온	常温
자동화	自动化	대기업	大企业
식물	植物	연구원	研究员
기술자	技术员	경영	经营
탁구	乒乓球	외국어	外语
합계	合计，总计	수상자	获奖者
경제	经济	월급	月薪

동사 动词

*건설 **建设**

안정되다	稳定	개발하다	开发
공사하다	施工		

*기타 **其他**

변질되다	变质	저지르다	犯错，惹事
움직이다	活动，动弹	예상하다	预想
비교하다	比较	꿈꾸다	梦想，希望
처벌받다	受到处罚		

형용사 形容词

훌륭하다	优秀，出色	진지하다	真诚，真挚
화목하다	和睦	확실하다	确实，明确

부사 副词

싱글벙글	笑眯眯地

표현 表达

공연 演出

ARS	ARS音频响应系统	자기 소개서	个人简介
학업 계획서	学习计划书	긴장이 풀리다	消除紧张，放松
바람을 쐬다	兜风		

직업 **职业**

한숨을 쉬다	叹气	적성에 맞다	适合……的性格
보람을 느끼다	很有成就感，感到有意义	수입이 보장되다	收入保障
전망이 밝다	前途光明，前景好		

기타 **其他**

냉장 보관	冷藏保管，低温冷藏	행복 리스트	幸福清单
무지개가 뜨다	出彩虹	화상을 입다	烫伤
처방을 받다	处方	선을 보다	相亲

더 배워 봅시다 拓展练习：

진땀을 흘리다: 긴장하거나 매우 힘들어하다.

流汗：紧张或者觉得很难。

译文：冷汗直流，满头大汗。

눈코 뜰 새 없다: 아주 바빠서 시간이 없다.

没有睁眼的时间：非常忙，没时间。

译文：忙得不可开交。

입에 쓴 약이 몸에 좋다.

吃起来苦的药对身体好。

译文：良药苦口。

① 약이 쓰지만 먹으면 몸에 좋다. 良药苦口利于病。

② 충고는 듣기 싫지만 도움이 된다. 忠言逆耳利于行。

语法

1. A/V-던데, V-았/었던데 :

　① 뒤에 이어질 이야기를 이끌어내기 위해서 먼저 지난 사실을 회상하여 말하는 것을 나타
　　 낸다.

　表示以回想的方式叙述以前发生过的事实，并以此引出下文。

　译文：……（回想），（新话题）……

　② 뒤에 이어지는 사실과 대립되는 사실을 제시할 때 사용한다.

　提示与后面事实内容相反的事情。

　译文："但是……""可是……"。

2. N(에) 못지않게: 앞 명사의 수준이나 정도에 뒤지지 않다.

　表示不比前面的名词（水平或程度）差的意思。

　译文："不比……差""不亚于……"。

3. V-듯이: 어떤 일을 비슷한 사물을 가지고 비교하여 말할 때 쓰인다.

표시以一事物来比拟另一事物。

译文："如……""像……"。

4. V-고 나니(까): '어떤 행동이 다 끝난 결과'의 뜻을 나타낸다.

表示动作完成的结果。

译文："做完……，结果……""做完……，已经……"。

5. N에 의해서/의한: '어떤 행동을 일으키는 행위자로 하여'의 뜻을 나타낸다.

表示某行为的引发者。

译文："通过……""根据……""取决于……""由……"。

6. A/V-(으)ㅁ: 어떤 사실을 통지서나 메모 등의 형식으로 서술하거나 알리는 것을 나타낸다.

（用于通知或便条中）表示记录、告知某件事。

译文：……

课文

大家想要什么样的人生?

克　　里：史蒂芬妮，你将来想要过什么样的生活？

史蒂芬妮：这个嘛，过上又有趣又幸福的生活就好了。

克　　里：具体考虑过吗？

史蒂芬妮：我希望成为一名成功的企业家，有个和睦的家庭……你想要什么样的生活呢？

克　　里：我还没有具体的计划。父母希望我成为一名优秀的医生，到目前为止我都是按照父母的想法在生活。但我不想由父母来决定我的未来。所以我打算好好规划一下自己的未来。我想此时最重要的就是应该具体思考一下我的梦想和目标吧。

史蒂芬妮：不要想得太复杂，幸福的生活不是什么特别的事情。能使自己和周围的人感到愉快，并能感受到生活的意义不就是幸福的生活吗？

克　　里：史蒂芬妮，听完你的话之后，我想要的人生是什么、需要准备什么、做什么事情会幸福，都需要我好好地思考一下了。

史蒂芬妮：请借着这次机会认真地考虑考虑。正确认识自己跟努力生活一样重要。

克　　里：知道了，谢谢！

听力

主持人：每个时代受欢迎的职业都是不同的。在经济发展的稳定时期产生了多种具有挑战性的职业；如果经济持续不景气时，可以保证稳定收入的公务员和老师这样的职业会受到欢迎。10年后会产生什么样的职业，哪种职业会受欢迎呢？今天我们来讨论一下10年后可能最受欢迎的职业。

马里奥：就像过去大家对石油、能源很感兴趣一样，将来大家对电能会更加关注，预计使用、开发电能的职业会很受欢迎。

安　妮：现在全世界的受灾信息不断传来，会不会产生一种灾难事前预防的职业呢？

主持人：也有可能。可以预见的是未来研究新能源或者预测环境变化的研究员、应对灾难的城市设计技术人员也会增多。这些都是事先做准备，应对即将变化的世界。但是同样重要的是改善现在的问题吧？

托　林：听完你的话我有个想法。将来是老龄化社会，为了解决这个问题，会不会产生一些为老人设置的职业，或者说老人们可以从事的职业呢？

主持人：很好。依据银发老人所拥有的智慧和新技术，未来应该会变得不同。例如会有什么职业呢？

托　林：可能会由机器人来管理的老人专用医院或者饭店。还有从经验丰富的老人们那里接受专业建议的职业也会增加吧。

主持人：很好的提议！除此之外，为10年后的人员管理与公司经营方法提供方案和帮助的职业，前景也将是很光明的。今天的内容就到这里，下次……

▶ **听力词汇**

과거	过去	석유	石油
에너지	能源、精力	설계하다	设计
재난	灾难	현재	现在
고령화	老龄化	실버	银色；白发（老人）
지혜	智慧	전문적	专门的，专业的

会话练习

刘霆：安妮，对你来说幸福是什么？

安妮：我觉得幸福就是没有压力，开心地生活。

刘霆：我觉得要是像大企业的老板一样赚很多钱，然后花钱如流水的话，好像就幸福了。还有啊……

阅读

大家认为如何生活才是幸福地生活呢？

人人都希望幸福地生活。为了寻找幸福生活的方式人们有时在书店读书，有时写下自己的幸福清单。

关于幸福，人们有各种各样的想法，"不后悔好像就是幸福""健康就是幸福""和家人在一起就是幸福""钱多就是幸福"等等。

但是平时人们感受不到幸福的原因到底是什么呢？最大的原因就是和别人比较。"那个人在很好的公司上班，工资也高，为什么我就只赚这么一点呢？""那个人开着又大又好的车，为什么我的车这么小呢？"如果你有这样一些想法的话，你就不能满足于现在，只是梦想着未来的幸福。

幸福由自己的想法来决定。越觉得幸福就会变得越幸福；如果只是感到不幸，就会渐渐变得越来越不幸。

好了，各位！不要向远方寻找幸福，在我们的周围寻找吧。与自己的幸福一样，别人的幸福也很重要，所以和别人一起感受幸福是最好的方法。

如果在生活中珍视自己周围的人，珍视自己所做的事情，就能幸福地生活。

▷ **写作词汇**

직장인	上班族	응답자	回答者
명예	名誉，名声	기타	其他
그래프	图表		

听力

您知道四柱吧[1]或者算命APP吗？

我们每个人都可能至少有过那么一次想知道或者担心自己的未来的经历。特别是在面临就业或者结婚等大事，或者碰到困难的时候，关于自己的未来总想找个人问问。

到了新年，作为消遣，韩国人有时会用"土亭秘诀"占卜吉凶祸福。土亭秘诀是一种岁时风俗，即通过朝鲜时代的学者李之菡编写的一本叫作《土亭秘诀》的书来了解一年的运气。用土亭秘诀看运势，从朝鲜时代后期开始一直流行到现在。

过去每到新年人们都会到算命馆或者哲学馆去看看新年的运势，但最近年轻人多去一种叫作"四柱吧"的地方。算命馆或哲学馆是妈妈、奶奶辈们经常去的较为隐秘的地方，"四柱吧"则是一种可以一边喝茶一边算命的开放性空间，一般在布置得舒适而幽静的咖啡店里，特别是去大学路或者狎鸥亭洞、弘大[2]附近的话很容易就能见到。不仅从20岁到60岁的不同年龄层的韩国人，就是外国人也常作为兴趣去四柱吧。

年轻人主要咨询的内容是自己的四柱八字、就业运、恋爱运、健康运等，据说最近因为担心就业而来看就业运势的人比较多，如什么时候能就业、往哪儿递申请书会比较好等等。看一次四

---

1 四柱，即人出生的年、月、日、时，用天干地支来表示是八个字，即我们常说的生辰八字。编者注。
2 韩国著名的艺术院校弘益大学及以其为中心形成的独特的大学街文化。泛指弘益大学正门、地铁弘大入口站、台井站、上水站等之间的区域。编者注。

柱花的钱通常比普通算命馆便宜。

　　和需要付费的算命馆不同，最近比较受欢迎的是可以免费使用的与四柱（生辰八字）相关的APP。据说在谷歌APP商店里上线的四柱相关应用已经超过八百个。即使不去单独下载APP，到了新年，韩国的银行或者大型超市的网站、就业门户网站上都会有免费预测新年运势的感恩活动，所以韩国人有时会按照自己的喜好看运势。

　　人们找算命馆或者四柱吧，或者四柱APP等的理由是对未来的恐惧，以及想知道自己现在处在什么样的位置。但是这只是一个暂时的安慰，不能无条件地相信。

　　就像以前俗语里的那句"就算面对老虎，打起精神也能活下来"一样，即使当下不是自己想要的，但如果目标明确的话，自然会有出路。偶尔作为消遣看生辰八字和运势没有关系，但是不能只相信这个结果而不做任何努力，或者完全放弃。不要忘了，与其相信算命，不如增加自身能力，而后者是更明智的。

07

词汇和表达

명사 名词

*의료 医疗

일회용	一次性用品	과학자	科学家
반창고	创可贴	붕대	绷带
과학	科学		

*경제 经济

대량	大量	활기	活力
제조업	制造业	비밀번호	密码
정부	政府	경제적	经济上的

*기타 其他

폐허	废墟	견해	见解，观点，看法
보폭	步幅	창의적	创造性
발명가	发明家	오랫동안	很久
발명품	发明	성공적	成功的
한동안	一段事件，长时间	아이디어	想法，主义
폭염	酷热	폭설	暴雪
기초	基础	불모지	不毛之地

동사 动词

*일 事件

시도하다	尝试	수행하다	执行，履行
멈추다	停止		

*취업 就业

입사하다	进入(公司)	진열되다	陈列
헤매다	彷徨	다루다	操作；处理
갖추다	具备		

*기타 其他

우려내다	熬	수소문하다	打听，询问
발달하다	发达	등장하다	登场，上台

형용사 形容词

기름지다	肥沃的	유용하다	有用的

부사 副词

또다시	再次	머지않아	不久
밤낮없이	不分昼夜		

표현 表达

*사회 社会

청년 실업	青年失业	웹 서핑	网上浏览
태블릿 PC	平板电脑	최신 기기	最新的设备
질을 높이다	提高质量	성과를 내다	取得成绩

*기타 其他

욕심을 내다	起贪心	감정을 읽다	解读情感

더 배워 봅시다 拓展练习:

눈독을 들이다 : 욕심을 내서 가지고 싶은 것을 쳐다본다.

眼里进毒：带着野心盯着自己想要的东西。

译文：眼馋，觊觎，虎视眈眈。

쥐도 새도 모르게 : 아무도 모르게 일을 한다.

老鼠和小鸟都不知道：在大家都不知道的情况下做事。

译文：神不知鬼不觉，人不知鬼不觉。

1. V-(으)ㄴ 끝에: 어떤 일이나 행동이 발생한 다음의 결과로 뒤의 내용이 생긴다는 것을 나타낸다.

   表示由于某事或行为发生而产生了之后的结果。

   译文："经过……之后""……之后，终于……"。

2. V-아/어 내다: 어떤 행동을 하여 그 행동을 완성한다는 것을 나타낸다.

   表示某种行为完成。

   译文："最终……""……出来""……下来了"。

3. N(으)로: 변화가 이루어진 결과를 나타낸다.

   表示变化后的结果。

   译文："成/成为……"。

4. V-고자 V: ① (V-고자 하다) 의도를 나타낸다.

   表示意图。

   译文："想……""将要……"。

   ② (V-고자 V) 행동의 목적을 나타낸다.

   表示行动的目的。

   译文："为了……""以……为目的"。

5. V-는 법이 없다: 어떤 일을 습관적으로 결코 하지 않는 것을 나타낸다.

   表示某事习惯上绝对不会发生。

   译文："不会……""从来不……"。

6. A/V-(으)ㄴ/는 것에/데(에) 반해: 앞의 사실과는 반대되거나 대립되는 것을 나타낸다.

   表示与前面的情况"相反"或"对立"的意思。

   译文："与……相反""反之……""……，与此相反……""一方面……，而另一方面……"。

연습해 보세요 练习词汇

한국과학기술원	韩国科学技术院	합성어	合成词
아장아장	摇摇摆摆	시속	时速
치매	老年痴呆		

课文

你看过描述未来世界的电影吗？记忆深刻的画面是什么样的？

刘霆：最近看过的电影中你记忆深刻的画面是什么？

安妮：我记忆最深的是主人公走过地下通道时，广告牌看着主人公说话的画面。很神奇。你呢？

刘霆：我印象最深的是警察像超人一样飞，还有用手触摸一下空气就出现画面的场景。

安妮：不久的将来这样的世界真的会到来吗？我真的很期待。

刘霆：我也是从一个研究所听到的消息，说是经过长时间的研究，现在已经开发出了家庭机器人和保护老人的机器人等多种机器人。如果多种机器人被开发出来，我们的生活也会慢慢变得更加便利。

安妮：但是，带来便利的同时会不会产生问题呢？不可能只有好的一面吧。广告牌说话的画面虽然很神奇，但是如果在哪儿都有某个东西认识我，这好像有点恐怖。

刘霆：不要太担心。我们补足这些缺陷继续发展，世界不就会变得比现在更好了吗？

安妮：要是能那样就万幸了。还有别的未来电影吗？

刘霆：有一部《你和我，机器人》。讲述的是人工智能机器人和人的关系。看完这部电影，关于人工智能机器人，我们会认真思考一下的。

安妮：我很好奇。这个周末我要看看。

▷ **课文词汇**

| 광고판 | 广告板，广告牌 | 허공 | 空中，天空 |
| 가정부 | 保姆 | 인공지능 | 人工智能 |

听力

M　　C：今天我们请来了为实现"把我家客厅变成工厂"这个有趣的目标而努力的史蒂芬妮，咱们一起来分享一下她的故事。您好！

史蒂芬妮：大家好！我是史蒂芬妮。

M　　C：您具体做什么工作呢？

史蒂芬妮：我正在帮助创业者们把想法变成产品，通过培训与经济上的支援帮助他们自立。

M　　C：如果是从事产品制造的话，那您说的是制造业吗？

史蒂芬妮：对，是的。因为过去是在大企业运营的工厂里进行大量的产品制做，是个人所不能做的事情，现在与此相反，使用3D扫描仪和3D打印机人人都可以轻松地用自己喜欢的原材料，按照自己想要的大小制做出产品。

M　　C：你是说亲手制造自己喜欢的东西？那么能做出我的样子吗？

史蒂芬妮：没有3D扫描仪和3D打印机不能制造产品。首先使用3D扫描仪扫描出想要制造的产品的样子并输入电脑。之后在3D打印机里放入喜欢的材料，设置好大小，就可以按照需要的尺寸制造出想要的东西了。最近连食品打印机都出现了，在家也可以亲手制做巧克力和点心来吃了。

M　　C：好期待啊！如果我脑海里想象的物体真实地出现在我的眼前该有多好啊！

史蒂芬妮：对，信息技术和制造业的碰撞，会使世界变得完全不同。

M　　C：现在，我们把掌声送给史蒂芬妮，她在长期努力之后找到了一条新的制造业未来之路。

史蒂芬妮：谢谢！

▷ **听力词汇**

창업자	创业者	운영하다	运营、经营
3D 스캐너	三维扫描仪	3D 프린터	三维打印机
입력하다	输入	설정하다	设定
푸드 프린터	食品打印机	정보 기술	信息技术
물체	物体		

会话练习

克　　里：史蒂芬妮，你常用的最先进的机器是什么？

史蒂芬妮：也就智能手机、平板电脑了吧。

克　　里：你用它们做什么？

史蒂芬妮：我用它们写作业、浏览网页、购物，晚上也看看电影什么的。

克　　里：那你希望未来开发出什么样的技术？

史蒂芬妮：要是把食物做成胶囊，可以简便就餐就好了。而且还得像真的食物那样好吃又营养，还能让人有饱腹感。

克　　里：我觉得……

阅读

韩国的科学技术是如何发展起来的？

和韩国的汽车、船舶、钢铁产业一道，现在韩国在生命科学和机器人科学等尖端科学领域也取得了很多成果。但是这些成果没有基础是无法取得的，韩国科学技术的发展也如此。

史前时代古墓壁画上刻着的星座、朝鲜半岛三国时代观测星象的记录和庆州的瞻星台都是能体现出朝鲜半岛祖先们对科学非常关注的例证。尤其朝鲜朝是科学大步发展的时代，世宗大王为了提高百姓们的生活质量，和许多科学家一起经过大量的研究，发明了可以观察天体、时间、气象的各种工具。其中世界上最早的测雨器对农业起到了很大的帮助。

17世纪之后，像丁若镛这样的科学家们让科学技术再次取得了大发展。科学家们在过去科学成果的基础上引进了西方的技术，设计、制做出很多机器。具有代表性的就是举重机，这是为了可以轻松地操作重物而制造的。在使用举重机之前，建造一座城需要花费很长时间，而使用了举重机，水源华城仅仅用了两年4个月就建成了。

最近人们正在开发可以实现多种功能的机器人。例如可以自己充电的机器人吸尘器，可以通过测量衣物的重量来调节水量的洗衣机等等。未来会有多少优秀的技术被开发出来，从而让我们的生活变得更加便利呢？

▷ **阅读词汇**

선박	船	철강	钢
생명 공학	生物技术，生命工学	첨단	尖端
고분 벽화	古墓壁画	선사시대	史前时代
별자리	星座	관측하다	观测、观察
기록	记录	천문학	天文学
천체	天体	기상	气象
각종	各种	측우기	测雨器
측정하다	测量	대표적	代表性的、典型的
거중기	举重机	성	城
삼국시대	（朝鲜半岛）三国时代		

文化

您知道新的约会场所"Kakao friends"和"Line Friends"吗？

在首尔，二十多岁的人常去江南和弘大附近，所以此处也是时尚和流行的起点。年轻人新的约会场所"Kakao friends"也在此开始营业了。2016年7月江南"Kakao friends"开业的时候人气更旺，几乎要排一个小时以上的队才能入场。别说异性朋友，就连同性朋友也常去这个地方，它的魅力是什么呢？

"微信"是中国人常用的移动聊天工具，"Kakao"和"Line"都是在韩国开发的移动聊天工具。但是"Kakao Talk"主要是韩国人使用，"Line"在日本或者泰国等亚洲国家使用得更多。不知道是不是因为这个，在江南、弘大和蚕室等地方有了"Kakao friends"，在外国人常去的明洞和梨泰院，Naver开发的"Line friends"开店后很有人气。

随着移动聊天工具的发展，发短信的时候人们不但使用文字，作为感情表达的一种还使用的表情符号。举例来说，比起只给对方发"对不起"，如果也一起发送把两手合拢在一起表示求情的样子的表情符号的话，能更好地传达出你是有多么抱歉。所以人们用Kakao Talk互通信息的同时，一天中数十遍地使用"Kakao friends"的表情符号。因为这样的原因"Kakao friends"对于韩国人来说是最受欢迎的人气卡通形象。

最近，以动画片为基础的美国的"迪士尼店"、日本的"Hello Kitty店"等受到了人们的欢迎，但是在韩国经营卡通形象卖场的"Kakao friends"和"Line Friends"是首创。因为人气爆棚，所以"卡通形象店"扩大到了韩国全国，"Line Friends"甚至已经在纽约时代广场附近开了卖场，由此可见它的人气有多旺了。

在"Kakao friends"或者"Line Friends"，不但可以看到各种各样小巧的卡通形象产品，而且也能和自己喜欢的卡通形象一起在拍照区拍出漂亮的认证照片，然后上传到社交网站上和亲近的人一起分享回忆，所以更加受欢迎。

去体验一下能够看到韩国人喜欢的卡通形象的"Kakao friends"和"Line Friends"，不也是体验韩国文化的一个方法吗？即使不购物，也能看很多东西，去那儿转转，留下有趣的回忆吧。

08

词汇和表达

명사 名词

*사회 社会

승차권	车票	남녀평등	男女平等
바자회	义卖会	타당성	正确性
남성	男性	성별	性别
관계자	有关人员，有关人士	영웅	英雄
사건	事件	수익금	收入
정의	正义	여유	闲暇，充裕
해	损害	실천	实践
발표회	发布会	적성검사	素质检查，适应性测试

*기타 其他

기상청	气象厅	훈련	训练
민속놀이	民俗游戏	폭식	暴食
박람회	博览会	파노라마	全景，全景图
유레일패스	欧洲铁路通票	과목	科目
향기	香气，香味	결론적	结论性的，总而言之
장애	障碍	대만	台湾
일화	趣闻	취향	志向，爱好，喜好

동사 动词

*토론 讨论

요약하다	概括	찬성하다	赞成

인용하다	引用	다투다	争论
동의하다	同意	작성하다	制定，拟定，写
의논하다	商量		

*기타 **其他**

설레다	激动	선발하다	选拔
타이르다	劝导	들르다	顺便去

형용사 形容词

불평등하다	不平等	평등하다	平等
고되다	吃力，艰苦	간략하다	简略
진하다	浓，深		

부사 副词

차라리	与其……不如……；干脆	적당히	适当，恰当

표현 表达

*사회 **社会**

남녀 차별	男女差别	성 역할	性别角色
예능 프로그램	综艺节目	대우를 받다	受到……待遇
일리가 있다	有道理	주목을 받다	受到关注

*기타 **其他**

예술적 감각	艺术感觉	병을 일으키다	引起疾病
불편을 주다	造成不便		

더 배워 봅시다 拓展练习：

눈을 감아 주다: 남의 잘못을 못 본 척한다.

闭上眼睛：装作看不到别人的错误。

译文：睁只眼闭只眼。

주마등처럼 스쳐 지나간다: 추억이나 기억이 파노라마처럼 지나간다.

像走马灯一样一闪而过：回忆或者记忆像掠影一样闪过。

译文：画面一闪而过。

백지장도 맞들면 낫다: 쉬운 일도 서로 힘을 합하면 더 쉬워진다.

就是一张白纸也是两个人抬更容易：即便是做容易的事，合力互助也会变得更容易。

译文：人多力量大，众人拾柴火焰高，众志成城，众擎易举。

语法

1. V-는 길에: '어디를 가거나 오는 도중 혹은 그 기회에'의 뜻을 나타낸다.

表示在来去途中或借此机会。

译文："在……路上""在……时"。

2. N에 관해(서)/관한: '그것과 관련하여'의 뜻을 나타낸다.

表示关涉的事物。

译文："关于……""有关……"。

3. A/V-(으)ㄹ 법하다: 경험, 관례, 이치를 근거로 하여 유추하거나 판단한다는 뜻을 나타낸다.

表示根据经验、惯例或常理所做的类推或者判断。

译文："按理说……""照理说……""应该会……"。

4. N(이)라고는: 그 범위에 제한되어 있다는 뜻을 나타낸다.

表示限定的范围。

译文："所谓……就是……"。

5. N에 따르면: 근거를 나타낸다.

表示依据的标准。

译文："根据……""依据……""按照……"。

6. N롭다: 일부 명사 뒤에 붙어서 '그것의 속성이 충분히 있다'의 뜻을 더하여 형용사를 만드는 접미사이다.

用于一些名词之后使之变成形容词，表示充分具有某方面的属性。

译文：……

연습해 보세요 练习词汇

우울증	忧郁症	배설물	排泄物
병균	病菌	임산부	孕妇

课文

大家有和男/女朋友吵架的经历吗?

利　尔：喂，马里奥，做什么呢？现在忙吗？

马里奥：怎么了？有什么事吗？

利　尔：没有，就是……

马里奥：今天怎么了？

利　尔：没什么，就是打个电话。

马里奥：我现在正在打游戏，10分钟后给你打电话，挂了。

利　尔：……

（5个小时后）

马里奥：利尔呀，为什么老不接我电话。今天考试考得好吗？

利　尔：也没什么，我就是有点儿累。

马里奥：为什么呢？心情不好吗？

利　尔：（很烦躁）可能因为很累吧。挂了，继续玩你的游戏吧。

马里奥：是因为我打电话打晚了吗？真对不起！我和朋友们打游戏没看时间。我回宿舍的路上顺
　　　　便去看你，稍等一下啊，嗯？

利　尔：不用了，挂了。

（男生的想法：考试已经结束了，心情理应很好，为什么还会那样呢？心情不好为什么不说出
　　　　来呢？

女生的想法：考试都结束了，也不仔细问问我考试的情况，就一点儿也没有和我一起玩的想法
　　　　吗？还和朋友们玩游戏……）

听力

M　　C：提到化妆师大家眼前会浮现出什么形象呢？可能会有很多人浮现出美丽、帅气、艺术感
　　　　超强的女性形象。而今天我们邀请了一些男性，他们将给大家带来关于化妆的特别的故
　　　　事。下面我来介绍一下化妆师金檀国先生。

金檀国：大家好！我是金檀国。

M　　C：我原以为您是一位仅仅外貌帅气的男生。以您这样的嗓音和外貌理应会从事很男性化的
　　　　工作吧。您是什么时候对化妆感兴趣的呢？

金檀国：其实直到大学毕业，我连看都没看过女性化妆品。但是有天下班路上我看到了一个化妆
　　　　活动。一位脸上有疤痕的女士经过化妆后疤痕被遮住了，那位女士看起来很高兴，从那
　　　　以后我开始对化妆感兴趣了。这份工作能给人们带来自信，这是最让我感动的。

M　　C：听说在台湾地区的一段经历让您出了名。

金檀国：是的，在台湾地区的一次演出打开了我的化妆师之路。那是我作为韩国代表去台湾地区
　　　　出战化妆演出的时候。按照公司有关人员的说法，当地人不喜欢深色。但是我下定决心
　　　　一定要用深色让他们看到成功。怎么做才好呢？我苦恼了一阵子，然后给模特以红色为
　　　　主色调化了妆。

M　　C：我很想知道当时人们的反应怎么样。

金檀国：演出很成功。随着演出的成功，我也开始受到人们的关注。

M　　C：化妆的时候您是以什么样的心情工作的呢？

金檀国：我的目标是成为"使每一名顾客满意的化妆师"。我所遇到的每一个人的喜好都是不同
　　　　的，而我以让每一位顾客都满意的态度在努力做到最好。

메이크업 아티스트	化妆师	흉터	疤痕，伤疤
가리다	遮住	자제하다	克制

会话练习

刘霆：安妮，有纸巾的话借我一下。

安妮：纸巾？我现在没有……

刘霆：女生竟然出门不带纸巾，安妮，你还是女生吗？

安妮：女生和纸巾难道有什么关系吗？

刘霆：？

阅读

　　2008年4月8日下午8点16分。哈萨克斯坦宇宙飞船发射基地向太空发射了"联盟"号。这是宇航员终于实现从小就有的梦想的一瞬间！"接下来的十多天时间，宇航员能否顺利度过？"这样的想法让我的心怦怦直跳。

　　我是一名普通的大学生，我喜欢运动和唱歌，并梦想着成为SF电影里的博士。2006年春天我听说了韩国选拔宇航员的消息。我很快通过了简单的材料审查和身体测试。还没有提交申请书，我就开始激动起来。我一定要抓住这次能实现梦想的机会。

　　提交完申请书，在回家的路上我听了广播，说是申请者总共有3万6千多人。我轻松通过了第一、二轮选拔。第三轮选拔留下10名，第四轮选拔将选出两名接受培训。

　　第三轮选拔中的宇航员素质检查开始了。虽然那将是一次陌生的经历，我仍然很期待。我开始深信自己可以实现梦想。从10名到8名，然后缩小到6名，选拔慢慢走到了尾声。2006年12月25日在全体国民面前进行的关于成为宇航员的演讲是最后一关。最后两人的选拔将由国民投票决定。我至今无法忘怀那天的紧张感觉。我最终入选了两人组。艰苦的训练一直持续着，我曾多次想过放弃，但幸运还是降临到了我的头上。虽然对落选的伙伴来说很抱歉，我最终被选为搭乘飞船的宇航员。

　　过去的几年时间㉠。晚上11点50分我成了在太空和韩国通话的第一个韩国人，我是世界上第475位宇航员，是女性宇航员中的第49位。

▷ **阅读词汇**

카자흐스탄	哈萨克斯坦	우주선 발사기지	宇宙飞船发射基地
소유즈호	联盟号	발사되다	发射
우주인	航天员、宇航员	남짓하다	剩下

두근거리다	扑通扑通跳	SF영화	科幻片，科幻电影
대학원생	研究生	테스트	试验、测试
지원서	申请书，志愿书	확신	确信
관문	关，关口	최종	最终
행운	幸运，福气		

写作

　　我是一名刚刚入职3个月的新职员。因为我是新来的，总被指挥得团团转，每天过得疲惫而繁忙。于是，最近我觉得我要是一个女生就好了。

　　几年前我姐姐刚刚进公司的时候就曾感慨过男女差别太大了，她说"我进公司是去冲咖啡的吗？"即便是在那个时候我依然觉得男女差别是和我无关的话题。当我进了公司以后，却发现我也没有得到男人"该有"的待遇。女职员们冲咖啡、跑腿，我们男职员也没有什么两样。要说我做的事就是搬搬A4纸纸箱，换换饮水机水桶什么的。而且在公司聚餐的时候，经理一般比较疲惫，会让女职员先走，男人们之间再喝一杯，导致我无法早点回家。我到底哪里比女职员待遇好呢？

▷ 写作词汇

신입사원	新职员	A4 용지	A4纸
끼리	（用于部分名词后）……们，……之间，一起、结伴		

文化

大学生们最喜欢的"蜂蜜打工"[1]是？

　　韩国的大学生因为多种原因打工。以前打工的主要原因是为了赚取零花钱或者为了准备大学学费，但是现在有很多学生为就业做准备，为"积累经验"而打工，这一点是最大的变化。

　　最近大学生的打工形式正变得多种多样。最传统的打工是"课外辅导"和"服务工作"。"课外辅导"虽然有比较高的收入保障，但缺点是有提高学生成绩的负担，如果学生成绩没有提高的话，就得找新的工作了。因有这样的压力而感到有负担的学生主要会做"服务工作"。"服务工作"的缺点是很累，虽然没有精神上的压力，但是需要长时间站着工作，还要搬运沉重的盘子。"服务工作"中在咖啡专卖店打工是最受欢迎的。因为在清香的咖啡香气里，在冷暖适宜的舒适环境里工作，所以属于竞争激烈的工作，但报酬不高。

　　什么是寒暑假最受欢迎的"蜂蜜打工"呢？"蜂蜜打工"也可以缩称"蜜工"，作为最近很流行的新词，它的意思是"很受欢迎的打工"。在夏季当然是水上游乐场工作最受欢迎。在水

---

1 蜂蜜打工：即让人觉得有甜头的，最受欢迎的打工工作。编者注。

上公园或者海水浴场的小卖店或者售票处打工，如果擅长游泳的话还可以做安全要员的工作。安全要员不但有高收入，还能守护生命，所以能让人感觉很有意义。冬季在"滑雪场"打工很受欢迎，滑雪场主要是在江原道附近，打工期间也需要待在滑雪场，可能要过集体宿舍生活。如果滑雪滑得好的话，可以做安全要员，或者做滑雪野营一对一讲师，这样既可以尽情滑雪，又可以赚钱。

大学毕业之后有意在大企业经营的家庭餐厅或剧场等直接服务类的公司工作的学生，大多会在假期里到表睐的公司打工来积累经验。最近，很多企业为了给顾客提供更好的服务，会趋向于把通过打工积累了现场工作经验的人选拔为新入职员，或者在面试的时候给予加分。

除此之外，有许多有趣的打工，如为来蹦极却又犹豫不决的人做示范的"蹦极体验员"，在民俗村里穿着乞丐衣服到处乞讨的"乞丐打工"，在京畿道涟川郡旧石器时代体验项目里打扮成原始人、"哇哇"大喊的打工工作等。这些有趣的打工工作不仅能够赚取零花钱，还很有意思，同时也能够留下丰富多彩的回忆，所以竞争非常激烈。

在韩国留学生活过程中，几乎人人都会打一两次工。既然要打工，那就找自己喜欢的、能做好的，只属于自己一个人的"蜂蜜打工"，神气地工作怎么样？如果又能赚钱，又能积累经验，还能提升资历的话，岂不是"一举三得"了吗？

찾아보기

ㄱ

가렵다 itchy 68

가리다 hide 157

가마 kiln 39

가베스 주 Gover norate 103

가상현실 virtual reality 99

가야금 Korean zither with twelve strings 50

가정부 housekeeper 135

가평 GAPYEONG 43

각종 every kind 141

간략하다 brief 144

감정을 읽다 read emotion 127

강가 the riverside 65

강릉 단오제 Gangneung Danoje festival 32

갖추다 prepare 126

개발하다 develop 106

개봉하다 release 32

개선점 improvement point 88

개인적 personal 28

거대하다 huge 88

거중기 pulley 141

건강식 healthy food 79

건망증 amnesia 50

건설하다 build 88

겉모양 appearance 88

게을리하다 neglect 68

겨냥하다 aim 81

견과류 nut products 79

견해 opinion 126

결과적 being as a result 14

결론적 conclusive 144

겹치다 overlap 99

경고하다 warn 68

경기도 Gyeonggi-do province 32

경영 management 106

경쟁 사회 competitive society 28

경제 economy 106

경제적 167

경제적 economical 126

경청하다 listen 32

고대 ancient 44

고되다 arduous 144

고령화 aging 118

고분 벽화 ancient tomb mural 141

고아원 orphanage 50

고유하다 inherent 88

고하 rank 32

곳곳 here and there 41

공고문 notification 32

공기청정기 air cleaner 99

공사하다 do construction work 106

공장 폐수 industrial sewage 51

공통점 common feature 14

과거 the past 118

과목 subject 144

과소비 excessive consumption 68

과정 process 39, 159

과학 science 126

과학자 scientist 126

관계가 있다 have some connection with 69, 158

관계를 맺다 from a connection 28

관계자 concerned person 144

관람석 an auditorium 43

관문 gateway 160

관측하다 observe 141

광경 scene 39

광고판 billboard 135

구두쇠 miser 68

구조대 rescue team 50

구체적 detailed 68, 115, 167

국립 national 68

국물 soup 50, 128

국민 citizens 32, 66, 159

국적 nationality 32

군고구마 a rosted sweet potato 14

굽 heel 14

권장 도서 encouragement book 69

귀리 oats 79

그대로 intactly 39

그래프 graph 123

그림자 shadow 65

금방 soon 32

기계 machine 65, 140

기둥을 세우다 build columns 89

기록 record 141

기름지다 fertile 126

기마전 mock cavalry battle 21

기상 weather 141

기상청 the National Weather Service 144

기술자 technician 106

기온 temperature 68

기원 origin 44

기초 basics 126

기타 the other 123

기타리스트 guitarist 106

기획하다 plan 32, 85

긴장이 풀리다 undergo relaxation 107

깊다 deep 88

꺼리다 reluctant 79

꿈꾸다 dream 106, 159

끼리 group of people 162

ㄴ

나뭇가지 a bough 88

나서다 come forward 50

나홀로족 home-aloners 28

남녀노소 men and women of all ages 32

남녀 차별 sexual discrimination 145

남녀평등 sexual equality 144

남부 지방 southern province 15

남성 male 144

남짓하다 be slightly 160

내내 all the time 32, 165

내부 구조 the inside structure 89

냉장 보관 cold storage 107
넘기다 pass the time 88
농사 farming 44, 102, 140, 164
높이 height 88
뇌 brain 83

ㄷ

다가오다 approach 50
다락방 attic 88
다루다 deal 126
다투다 argue 144
단어 word 50
달래강 Dallae river 61
달하다 reach 68
답하다 answer 14, 122
당시 then 46
당첨되다 win 88
닿다 reach 65
대기업 major company 106, 167
대다수 the most part 68
대량 large quantity 126
대만 Taiwan 144
대우를 받다 be treated 145
대중교통 public transportation 46
대청소 big cleanup 88
대표적 representative 141
대하다 deal by 68
대학가 university town 14
대학원생 graduate student 160
도예가 potter 39
도저히 can't possibly 88

동물 보호 센터 animal protection center 51
동북부 east-northern 103
동상에 걸리다 suffer from frostbite 69
동서고금 all ages and countries 32
동의하다 agree 144
두근거리다 palpitate 160
둘러보다 look round 50, 150
둥글다 round 88
뒤덮다 cover 50
드디어 finally 32, 129, 159
드러내다 reveal 39
들르다 (informal) drop by 144
등장하다 appear 126
떠내려가다 wash out 65
또다시 again 126
뛰어놀다 romp around 88
뜨다 float 103
뜯다 unwrap 14

ㄹ

레드 카펫 the red carpet 33
로봇 robot 106, 133, 134, 135, 140
롤러코스터 roller coaster 14, 51

ㅁ

마찬가지 the same 50, 140
마트마타 마을 Matmate village 103
막내 the youngest 88
막차 the last train 50

매스껍다 feel nausea 50
머뭇거리다 hesitate 68
머지않아 soon 126, 149
먼지 dust 50, 69
멈추다 stop 126
멋을 내다 dress up 33
메이크업 아티스트 make-up artist 157
면역력을 높이다 raise immunity 69
명예 honor 123
무용수 dancer 106
무지개가 뜨다 rainbow in the sky 107
문고 book store 68
물체 object 137
미끄러지다 slip 32
미만 under 68
미얀마 Myanmar 103
민속놀이 folk game 144
밀접하다 intimate 68

ㅂ

바 bar 28
바람을 쐬다 expose oneself to the wind 107
바비큐 barbecue 88
바이킹 pirate ship ride 50
바자회 rummage sale 144
박람회 exhibition 144
반기다 greet 50
반대 the opposite 68, 151
반응 response 106, 168
반창고 band-aid 126
반하다 fall in love 14

발달하다 develop 126
발명가 an inventor 126
발명품 invention 126
발사되다 go off 160
발전하다 develop 99, 112, 117, 133,
140, 141, 166
발표회 recital 144
밤낮없이 night and day 126
방문하다 visit 14
방식 way 14, 39
방지하다 prevent 46
방해되다 interrupt 68
방향 direction 68
배려하다 consider 50
배설물 stool 152
배치되다 arrange 14
밴드 band 23
뱃멀미를 하다 seasick 15
번번이 always 50
벌금 penalty 32
범죄 crime 106
벗어나다 get out 32
벚꽃 축제 cherry blossom festival 32
변질되다 spoil 106
변화 change 14, 61, 111, 117, 132,
166
별일 없다 nothing much 15
별자리 constellation 141
병균 pathogenic bacterium 152
병을 일으키다 cause disease 145
보건소 health center 68
보람을 느끼다 worthwhile 107
보석 jewels 39

보약 restorative herb medicine 68

보온병 vacuum bottle 50

보폭 stride 126

복권 lottery 88

본지 this newspaper 68

봉사 활동 vdunteer work 69

부산 국제 영화제 PIFF(Pusan international film festival) 41

부작용 side effect 106

부츠 boots 81

분류하다 classify 50

분리수거 waste sorting 50

분명하다 be for sure 68, 166

분해하다 disassemble 88

불과하다 just 68

불모지 wasteland 126

불편을 주다 cause inconvenience 145

불평등하다 unfair 144

붕대 bandage 126

블루베리 blueberry 79

비교하다 compare 106

비밀번호 password 126

비보이 공연 B-boy dancing 25

빗방울 raindrop 32

뻔하다 obvious 50

ㅅ

사건 incident 144

사고방식 one's way of thinking 14, 147, 161

사본 copy 14

사생활 privacy 88

사정이 있다 have some consequences 33, 54, 72

사회적 social 28

산업화 industrialization 44, 165

삼국 시대 the period of the three states 141

상대방 the other party 50

상온 room temperature 106

생명 life 50, 140

생명 공학 biotechnology 141

생생하다 vivid 88

서툴다 clumsy 50

석유 petroleum 118

선박 ship 141

선발하다 draft 144

선사시대 prehistoric ages 141

선을 보다 see each other with a view to marriage 107

선택하다 select 88, 114

선호도 preference 68

선호하다 prefer 68

설계하다 design 118

설레다 one's heart flutters 144

설문 조사 question inverstingation 69, 152

설악산 Seoraksan 50, 75

설정하다 set-up 137

성 castle 141

성공적 successful 126

성과를 내다 make a result 127

성별 gender 144

성 역할 gender role 145

성장 growth 50, 83

성장기 period of growth 68

세탁기를 돌리다 run the washing machine 69

소나기 shower 32, 110

소유즈호 Soyuz 160

속마음 one's innermost feelings 99

수놓다 embroider 43

수많다 a lot of 32

수면을 취하다 take sleep 69

수상 가옥 house built on stilts over the water 89

수상 스포츠 water sports 25

수상자 winner 106

수소문하다 ask around 126

수시로 frequently 99

수익금 profits 144

수입이 보장되다 income ensured 107

수제화 handmade shoes 14

수행하다 execute 126

숙박비 rom charge 46

순간 moment 32

순위 ranking 68

숲속 inside the forest 65

슈퍼 푸드 superfood 79

스스로 oneself 14, 120, 140

스키니 진 skinny jean 81

스타 star 50

승차권 ticket 144

시간을 보내다 spend time 15

시간이 나다 spends one's free time 51

시기 time 46, 140

시도하다 make an attempt 126

시민 citizen 25

시속 speed per hour 133

시시콜콜 every detail 50

식당가 food street 14

식물 plants 106

식중독 food poisoning 68

신입 사원 new recruit 162

신입생 환영회 fresher welcome party 33

실내 interior 68, 165

실내장식 interior design 88

실버 silver 118

실천 practice 144

심사위원 judges 106

심장병 heart disease 83

싱글벙글 with a broad smile 106

썩다 rot 50

쓰레기 종량제 volume-rated garbage disposal system 51

씌우다 cover 88

씨 seed 44

ㅇ

아마도 perhaps 50

아울렛 매장 outlet store 69

아이돌 an idol 15, 34

아이디어 idea 126

아장아장 toddling 133

안내 방송 announcement 89, 149, 150

안정되다 stability 106

앞두다 have something ahead 28

애완동물 a pet 88, 151, 152

야단을 맞다 be scolded 51

어디론가 somewhere 65

어쨌든 at any rate 88

에너지 energy 118

에버랜드 Everland 14

여가 free time 28

여성 female 81, 158, 159, 161, 162, 167

여수 Yeosu 14

여유 time to spare 144

여주 도자기 축제 Yeoju Ceramic Festival 39

연구소 laboratory 68, 122, 134

연구원 researcher 106

연설 speech 32

연습장 exercise book 50

연어 salmon 79

열정 passion 14

영부인 first lady 14

영상 image 99

영양 nutrition 68

영웅 hero 144

영하 below zero 81

예능 프로그램 entertainment programs 145

예상하다 expectation 106

예술적 감각 artistic sense 145

오랫동안 for ages 126

오페라 opera 32

오히려 rather 68

옳다 right 88

옷차림 attire 81

외국계 회사 a foreign-affiliated firm 15

외국어 foreign languagge 106

외국인 foreigner 32, 60, 75

외부 outside 103

외양간 barn 103

외출 go out 14

외투 overcoat 14

요약하다 summarize 144

욕심을 내다 make greed 127

우당탕 thump 14

우려 concem 14

우려내다 brew up 126

우르르 come stampeding out of 32

우울증 depression 152

우주선 발사 기지 cosmodrome 160

우주인 astronaut 160

운영하다 manage 137

움직이다 move 106

원통형 cylindrical 88

월급 salary 106

월드컵 경기장 world cup stadium 33

웰빙족 Well being family 69

웹 서핑 web surfing 127

윈드서핑 windsurfing 25

유기견 abandoned dog 50

유기농 organic farming 68

유래되다 originate 46

유럽 Europe 14, 34, 150

유레일패스 Eurailpass 144

유르트 yurt 103

유명세 a penalty of popularity 88

유목민 nomad 103

유산소 운동 aerobic exercise 69

유용하다 useful 126

유의하다 pay attention 43

유채꽃 축제 rape flower festival 32

응답자 respondent 123
응원하다 support 32, 167
의견 opinion 68, 94, 122, 151, 166
의논하다 discuss 144
의식 consciousness 50
이끌다 lead 88
이동식 movable 88
이면지 reusable paper 50
이미지 image 106
이어달리기 relay 21
인간관계 relationship 50
인공지능 artificial intelligence 135
인용하다 quote 144
일리가 있다 have a point 145
일부 section 43
일상생활 everyday life 14, 78
일컫다 call 28
일화 anecdote 144
일회용 disposable 126
임산부 pregnant women 152
입력하다 enter 137
입사하다 join a company 126, 161
입장 position 68

ㅈ

자기 소개서 a letter of self-introduction 107
자동화 automation 106
자라섬 JARASUM 43
자세 posture 81
자세하다 detailed 14
자손 descendant 103

자제하다 control oneself 157
작성하다 make (out) 144
작품성 work value 41
장기 기억 long-term momory 83
장애 obstacle 144
재난 disaster 118
재단 foundation 68
재벌 wealthy household 50
재즈 jazz 23, 42
재활용 recycling 50
저지르다 commit 106
적당히 moderately 144
적성검사 aptitude test 144
적성에 맞다 that's right for (me/anyone) 107
적신호 red light 81
적응하다 adjust 14
전망이 밝다 having a bright future 107
전문적 specialized 118
전부 all 50, 148
전체 whole 32
전통 가옥 traditional house 103
전하다 tell 88
젊은이 young person 28
점차 step by step 32
정보 기술 Information Technology 137
정부 government 126
정의 righteous 144
제발 please 88
제사 ancestral rites 44
제안하다 suggest 68, 166
제조업 manufacturing business 126
제트스키 jet-ski 25

조사하다 investigate 68, 102

종목 event 21

종이학 folded-paper crane 68

종종 sometimes 50

주목을 받다 be to the fore 145

주민 resident 44, 164

주위 surrounding 106

주중 weekdays 68

줄넘기 jump rope 14

줄다리기 tug-of-war 21

중심 center 28

중앙아시아 Central Asia 103

증강 현실 Augmented Reality 99

증상 symptom 81

지붕 roof 88

지원서 application 160

지위 status 32

지치다 be exhausted 44

지하도 underpass 88, 134

지혜 wisdom 118

직장인 worker 123

진땀 sweat hard 106

진열되다 be on display 126

진지하다 earnest 106

진하다 dark 144

진행되다 progress 32, 85, 167

질을 높이다 raise quality 127

질환 disease 79

쭌묘 Floating island 103

찌그러뜨리다 crush 46

ㅊ

차라리 rather 144

차이점 difference 14

찬성하다 agreement 144

참가자 participant 32, 85

창고 warehouse 88

창업자 founder 137

창의적 creative 126

채팅하다 to chat 14

처리하다 deal with 50

처방을 받다 get prescription 107

처벌받다 be punished 106

천 fabric 88

천문학 astronomy 141

천체 celestial bodies 141

철강 steel 141

첨단 cutting edge 141

첫인상 first impression 106

청결 hygiene 50

청년 실업 youth unemployment 127

청중 audience 106

체육대회 an athletics meeting 21, 37

체험관 experience center 39

최신 기기 newer gadgets 127

최종 the last 160

추세 trend 28

추수 harvest 44

추천하다 recommendation 68

추첨 lottery 32

출장 business trip 14
충분하다 sufficient 68
충청도 Chungcheong-do 61
취업 get a job 28, 111
취재진 reporters 32
취재하다 gather 81
취향 one's preference 144
측우기 Rain Gauge 141
측정하다 measure 141
치매 Alzheimer's (disease) 133
침낭 sleeping bag 25

ㅋ

카자흐스탄 Kazakhstan 160
캠프 camp 68
커다랗다 big 50
컬이 풀리다 go out of curl 33
콧노래 humming 14, 35
클럽 club 23

ㅌ

타당성 validity 144
타이르다 admonish 144
탁구 ping-pong table tennis 106
태블릿 PC tablet PC 127
택견 Teakkyean 50
터지다 burst 41
테스트 test 160

토론하다 discussion 88, 130, 147, 166
통제되다 regulate 43
통증 pain 68
통째 all 50
투표 voting 106
툭하면 often 50, 93
튀니지 Tunisia 103
특성을 살리다 make the most of something's characteristics 33

ㅍ

파노라마 panorama 144
패션디자인 fashion design 15
펼치다 unfold 43
평균 수명 average life expectancy 69
평등하다 equal 144
폐허 ruin 126
포도주 wine 79
포만감 satiety 68
포장을 뜯다 open packaging 51
폭설 heary snow 126
폭식 binge 144
폭염 heat wave 126
폭죽 firecracker 32
푸드 프린터 food printer 137
풍부하다 abound in/abundant 68
플라스틱 plastic 50
플래시 flashlight 41
피로가 쌓이다 become more and more fatigued 89, 95

피해 damage 103, 152

ㅎ

하락하다 depreciate 32
하이힐 high heels 32, 80, 165
학습 능력 learning a bility 83
학업 계획서 academic plan 107
한강대교 Hangangdaegyo (bridge) 43
한국과학기술원 KAIST 133
한껏 feeling cool 32
한동안 for quite a time 126
한숨을 쉬다 sigh 107
한숨 자다 sleep 15
한 해 one year 15
함부로 thoughtlessly 68
합계 total 106
합성어 compound 133
해 harmful 144
행복 리스트 happiness list 107
행운 good fortune 160
향기 scent 144
허공 empty space 135
허기 hunger 68
허벅지 thigh 81
헤매다 wander 126
현실 세계 real world 99
현장 field 106
현재 the present 118
혈액 순환 the circulation of the blood 81
혈액형 blood type 68
협동 cooperation 21
형식 form 14

형태 form 99, 133
혹시나 by any chance 50
혼밥 eating alone 28
혼술 drinking alone 28
홍수 deluge 103
화목하다 harmonious 106
화상을 입다 get scalded 107
화합 harmony 44
확률 probability 83, 151, 152
확신 conviction 160
확실하다 certain 106
환경오염 environmental pollution 51
환호하다 jubilate 32
활기 energy 126
활성화되다 activate 32
활용하다 utilize 14
효율적 efficient 14
훈련 training 144
훌륭하다 excellent 106
흉터 scar 157
흘러나오다 outgush 50
흥분되다 be excited 32, 167

기타

1인용 a single 15
3D 스캐너 3D scanner 137
3D 프린터 3D printer 137
3차원 three dimensional 99
A4 용지 A4 paper 162
ARS audio response system 107
SF 영화 science fiction films 160